50のポイントでわかる

はじめての
自治体監査

吉野貴雄[著]

学陽書房

はじめに

　地方自治法の改正により、監査基準の策定が義務付けられ、リスクに着目した監査、内部統制に依拠した監査など、地方自治体の監査を取り巻く環境は大きく変わってきました。

　しかし実際に、すべての地方自治体が監査基準に依拠した監査を実施できているのでしょうか。

　総務省が技術的助言として示した監査基準（案）をそのまま引用して形だけの監査基準になっているということはないでしょうか。

　監査に従事する他の地方自治体の方々に聞いてみると、本音のところではどのように実施したらよいか分からず、悩んでいる方が多いという印象を受けます。なかには、私のところに連絡してきて、具体的な方法等を相談してこられる方もいらっしゃいます。

　その際に、拙著である『監査委員事務局のシゴト』や『実践！自治体監査の考え方と実務』の内容を基にして検討するのですが、そのまま本の内容を当てはめようとしてもそれは難しく、必ずアレンジが加わってきます。

　どうしてそのようなアレンジが必要になってくるのかというと、各自治体によって、監査の実施内容やチェックするポイントがバラバラであるからというのが理由になります。

　そのため、この本を読まれている方も自らの地方自治体の監査内容と照らしながら、この本に書かれている表面的な技術や方法を単純に模倣するのではなく、その根底にある理論について深堀りしてもらえたら、より理解が深まり、活用できるようになると思います。

　しかし、拙い文章で、上手く伝えられていないところが多々あることと重々承知しておりますので、何か疑問を抱くところがあれば、お尋ねいただけたらと思っております。

　私も拙著を上梓してから、様々なところから講演や研修の機会をいただくことになり、多くの自治体職員に接する機会が増え、分かってきました

のは、小規模自治体を中心として地方自治体の監査環境がとても悪いということです。本文中でも触れますが、監査委員事務局の職員は2～3人というところが多く、十分な監査体制が整っていない状況です。

　また、各自治体で築かれた独自の監査スタイルが確立されているところがあり、監査の方法や内容に関する第三者的なチェック（評価）も入らないため、監査の水準も事務局の体制が充実している地方自治体と比べて差があり、更には自分たちの地方自治体の監査のことしか知らないため、特に問題があると思っていないところも見受けられます。

　しかし、事務局の体制を充実させたくても、その権限が与えられているわけではないので、どうすることもできないという現実的な問題もあります。地方分権の面からみれば、地方自治体の実情に応じて自主性に任せているという考え方は十分理解できますが、独立性が高く、客観性の求められる監査業務を地方自治体の業務として地方自治体の裁量に任せるのが本当によいことなのでしょうか。

　今後、人口減少が進展してくると、税収が減少し、職員を維持することも難しい地方自治体が増えることが予想され、監査委員事務局の職員も削減の対象になってくることは十分に考えられます。そうなれば、人数相応の監査でしかできず、形だけの監査に陥ってしまうことが懸念されるところです。

　諸外国をみれば、会計検査院や州レベルの独立した監査機関が地方自治体の監査にあたっており、わが国の自治体監査が本当にこのままでよいのか、まだまだ課題に向けた抜本的な検討が必要ではないかと考えます。

　本書は、地方自治体の監査に初めて携わることになった監査委員や自治体職員の皆さんの研修テキスト、または監査のことが少し分かってきた実務家の方々への自己研鑽の書として、お役に立てられることを目指して執筆しました。

　自治体監査に関する本としては、3冊目になることもあり、前の2冊と重複するところもありますが、切り口を変えながら、前の2冊よりも詳細に説明しているところもあります。自治体監査に関する基本的な事項を整

理・再確認して、次へのステップに繋げられることができましたら、幸甚に存じます。

　また、本書の特徴としては、巻末に主な索引も掲載し、逆引きの要素も加えてありますので、疑問に思ったことや調べたいことがあれば、そちらを参考にして、本文を読んでいただけたらと思います。

　そのため、前から順番に読んでいくのもよいですし、興味のあるところから読んでいただいても理解できるような構成にしています。

　本書を通して、皆さんの仕事の一助になり、地方自治体の監査水準の向上に少しでも貢献できれば、筆者としてこれ以上に嬉しいことはありません。

　本書に手を差し伸べて、読んでくださった皆さん、本当にありがとうございます。皆さんのご活躍を心より祈っております。

　最後に、このような執筆の機会を与えてくださった学陽書房の川原正信氏をはじめとし、この本の出版に際し、ご尽力いただいた関係者の皆様、そして、一緒に監査の仕事に携わる富士市監査委員事務局の皆さんに、この場を借りて厚く御礼を申し上げます。

　また、いつも陰で支えてくれている妻と子どもには心から感謝の言葉を、そして今は亡き母の墓前にもあらためてご報告させていただきたいと思います。

　いつも夜遅くまで執筆や研究活動に付き添ってくれる
　愛犬「桃李、一期、杏子」にも感謝を込めて

2022年6月　　吉野　貴雄

目　次

第6章　より質の高い監査を目指して

凡例

【用語の定義】

　本書では、都道府県及び市区町村を「地方公共団体」という法令用語を使用せず、「地方自治体」という用語で基本的に称しています。ただし、法律の条文や文中での言い回しなどを考慮して、地方公共団体や自治体監査、自治体間などという用語で記述しているところもありますので、その際は同一の用語であると解釈してください。

【索引】

　本書の巻末に、五十音順の「索引」を記載しています。お探しの事項があれば、本書のどのページに記載されているかを検索することができます。

【特別区について】

　地方自治法又は政令で特別の定めをするものを除くほか、市に関する規定は、特別区にこれを適用することから（地方自治法第283条第1項）、東京都の区は、市に準ずるものとしてご覧ください。

【法令の項番号】

　項数の附されていない法令にあっては、便宜上、②、③などと項数を附しています。

※本書は筆者の個人的な見解を示したものであり、所属する団体の見解を示したものではありません。

第1章

地方自治体の監査

地方自治体の監査制度

わが国の地方自治体における監査制度は、「**監査委員**による監査」と「**外部監査人**による監査」の2つに大きく分けられ、具体的な職務権限や選任方法、服務、監査の種類等は地方自治法に定められています。

 監査委員による監査 ⟹ すべての地方自治体（都道府県・市町村）

 外部監査人による監査 ⟹ 都道府県・指定都市・中核市のみ義務づけ

　全国のどこの地方自治体でも同じ監査方法や着眼点で行われているかというと、けしてそのようなことはなく、逆に地方自治体の規模によって監査体制や監査にかけられる時間も大きく異なるため、**監査の質**という点では**地方自治体の間で格差**も見られます。

　また、地方自治体間の横の連携や職員の交流があまりない地域では、ひと昔前の鎖国的な、その自治体独自の監査スタイルが形成されていることもあります。

　本来であれば、どこの地方自治体でも同じレベル（水準）の監査ができれば一番よいのですが、個々の地方自治体が抱える財政事情や監査に対する首長等の考えによって**監査の実施体制の充実度合いが異なる**というのが実情です。

　自治体監査の歴史を紐解くと、監査委員による監査の**監査委員制度**は、第2次世界大戦が終了した後の1946年（昭和21年）に、対日占領政策を背景に内務省の発案により創設されたものになります。

　それでは、監査委員制度ができる前には全く監査に関する制度がなかったのかというと、そのようなことはありません。

同じ人口規模でも
差が見られます

○○市
監査委員事務局
専任職員 8人

△△市
監査委員事務局
専任職員 4人

　それ以前は、議員や助役等の幹部職員の中から選任される**考査役**が監査を行っていました。しかし、この考査役制度は、大都市[1]に設置された制度であったため、監査委員制度に移行した当初は、すべての市町村に監査委員が置かれていたわけではありません。監査委員の設置は義務づけではなかったのです。

　最終的に、すべての市町村に監査委員事務局が義務づけられるようになったのは、1963年（昭和38年）の地方自治法改正からになります。

　一方で、外部監査人による監査（以下、「**外部監査制度**」という）については、「官官接待」や「カラ出張」などの公費の不正・不当支出の問題が発覚したのを契機に、1997年（平成9年）の地方自治法の改正で創設された制度になります。

　しかし、すべての地方自治体に外部監査制度が義務づけられているわけではありません。外部監査制度が義務づけられているのは、都道府県、指定都市、中核市に限定されています（条例で定めれば、その他の市町村でも外部監査を行うことができます）。

　監査は、元々、私企業を対象としたものが中心となって、発展してきたところがあるため、地方自治体という公的機関の監査に関する定義を明確に記したものはありませんが、さまざまな監査を包摂できる定義として広く支持されるものに、米国会計学会（American Accounting Association：AAA）の基礎的監査概念委員会（Committee on Basic Auditing

Concepts）が公表した基礎的監査概念ステートメント（A Statement of Basic Auditing Concepts）の監査の定義があります（Montgomery, 鳥羽・秋月[2]）。

> 　監査とは、経済活動及び経済事象に関する言明と設定された規準との合致の程度を確かめるために、これらの言明に関する証拠を客観的に入手し、評価し、さらにその結果を利害関係をもつ利用者に伝達する体系的なプロセスである。（「モントゴメリーの監査論」より）

　この定義を参考にして、地方自治体の監査に読み替えて考えてみると、監査には、次の3つの要件が必要になってきます。
①地方自治体の財務・行政活動が法令や条例、規則等に合致しているか[3]を確認すること。
②証拠を入手して、監査を受ける側のアサーション（言明・主張）を評価すること。
③監査の結果を住民、企業、任意団体等の利害関係者に伝達すること。

確認（調査）　　証拠の入手・評価　　伝達

地方自治体　　　監査人　　　住民等

　また、地方自治体のガバナンス強化を図る上で、地方自治体の業務をチェックする監査制度の果たす役割は重要であり、適切に制度が運用されることで、ガバナンスの機能も果たされてきます。
　図表1-1は、地方自治体のガバナンスの基本構造を示したものになります。後述しますが、現行の監査委員制度は、独立性や専門性などの課題を抱えており、地方自治法の改正もたびたび行われてきましたが、基本的な枠組みが変わっていないため、今後も検討が必要です。

図表 1-1 地方自治体のガバナンスの基本構造

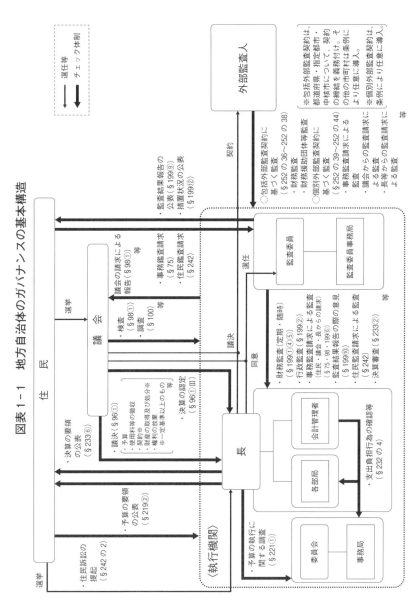

【出所】第31次地方制度調査会第22回専門小委員会 参考資料1「監査関連資料」1頁（§は地方自治法の条）

監査は誰のため？ ―自治体監査の目的―

「監査」という言葉を聞いたとき、皆さんはどのようなイメージを抱きますか？

住民が安心して快適な暮らしを営んでいけるように、さまざまな施策や事業を展開する政策部門の部署の華やかさと比べて、監査は「適正に事務が行われているかをチェックする地味で目立たない業務」というイメージを抱く人が多いのではないかと思います。

正直なところ、人気のある業務とはいえないと思います。しかし、民間企業の監査では、公認会計士という専門的な知識を有した資格者があたるように、監査とは、専門的な知識が必要な誇り高き業務の一つではないかと思います。

民間企業で活躍する公認会計士は、弁護士と並び、ブランド的な価値をもつ職業の一つとして挙げられることがありますが、地方自治体の監査に従事する職員に、同様のイメージを抱く人はほとんどいないと思うのです。

もちろん民間企業の財務諸表を監査するためには、より高度な専門性が求められるのは確かですが、地方自治体の業務も多岐に渡るため、**あらゆる分野の専門的知識を有していないと地方自治体の監査を行うことはできません**。

住民からの税金がどのように取り扱われているかをチェックするという業務は、責任も重く、とても重要な役割を担っています。そのため、大きな不正問題や事件に発展しないよう、**事前の予防措置**に繋がり、かつ**業務の改善**に資する監査が求められています。

地方自治法では、監査委員が監査を行うにあたっての留意事項ないし監査の着眼点が以下のとおり示されています。

○監査委員による監査

【地方自治法】

〔職務権限〕

第199条（抄）

③　監査委員は、（略）監査をするに当たつては、当該普通地方公共団体の財務に関する事務の執行及び当該普通地方公共団体の経営に係る事業の管理（略）が**第2条第14項及び第15項**の規定の趣旨にのつとつてなされているかどうかについて、特に、意を用いなければならない。

注：太字下線は著者による

　ここでいう「地方自治法第2条第14項及び第15項」とは、具体的には、「住民の福祉の増進に努めるとともに、最少の経費で最大の効果を挙げる」こと、そして「組織及び運営の合理化に努める」ことを示しているとされています[4]。これは政策・施策・事務事業の**「経済性」「効率性」「有効性」**について追求した規定であり、**「Value for Money（支出に見合う価値)」**という言葉に置き換えて使用される場合もあります。

【参考】地方自治法第2条第14項及び第15項とは

⑭　地方公共団体は、その事務を処理するに当つては、住民の福祉の増進に努めるとともに、最少の経費で最大の効果を挙げるようにしなければならない。

⑮　地方公共団体は、常にその組織及び運営の合理化に努めるとともに、他の地方公共団体に協力を求めてその規模の適正化を図らなければならない。

　このように、監査委員による監査では、事務手続等が適正に行われているかという合法的な視点だけでなく、サービスの程度や水準、行政の組織及び運営の簡素化や合理化まで監査をすることが求められていることがわ

かります。

　近年では、道路・橋梁などの土木インフラ設備や公共施設が耐用年数を迎え、その更新費用に莫大なコストがかかることがわかってきて、多くの地方自治体がその対応方針を求められてきています。

　また、今後の人口減少・少子高齢社会にあっては、自団体の区域内では住民に安心して快適な暮らしやサービスを提供することが困難な状況になることも予想され、各地方自治体が持つ経営資源（人材、公共施設等）や各種サービスを共同活用するなど、地方自治体間での連携についても注視していく必要があります。

　一方、外部監査人が行う監査（包括外部監査）については、監査委員による監査と同様に、第252条の27第2項において、「地方自治法第2条第14項及び第15項の規定を念頭に、当該地方自治体の財務に関する事務や経営に係る事業の執行管理が行われているか」をチェックすることが求められています。

○包括外部監査

> **【地方自治法】**
> （外部監査契約）
> **第252条の27（抄）**
> 2　この法律において「包括外部監査契約」とは、第252条の36第1項各号に掲げる普通地方公共団体及び同条第2項の条例を定めた同条第1項第2号に掲げる市以外の市又は町村が、<u>**第2条第14項及び第15項**</u>の規定の趣旨を達成するため、この法律の定めるところにより、次条第1項又は第2項に規定する者の監査を受けるとともに監査の結果に関する報告の提出を受けることを内容とする契約であつて、この法律の定めるところにより、当該監査を行う者と締結するものをいう。

　監査には「**内部監査**」と「**外部監査**」で区分する分類方法があります。監査委員監査が内部監査であるならば、長その他の執行機関の行政運営の

妥当性と能率性を確保し、マネジメント機能の一翼を担う役割が求められます。それに対して、監査委員監査が外部監査であるならば、住民に代わって執行機関の行政運営を監視し、その社会的信頼を確保することを目的とするガバナンス機能として位置づけられてきます[5]。

　監査委員監査が内部監査と外部監査のどちらに位置づけられるかは、これまで種々の議論が交わされてきましたが、次のような実態から眺めれば、監査委員監査は内部監査とみなす見方ができます。

●地方自治体の長が（議会の同意を得て）監査委員を選任している点
●監査委員事務局の定数や人事配置を決める権限が地方自治体の長にある点
●監査委員による監査とは別に、外部監査制度が設けられている点
●監査委員の組織が当該自治体の組織の一部に構成されている点
●監査委員事務局の職員が同一自治体の職員である点

　一方で、直接請求や住民監査請求に基づく監査は、住民に代わって執行機関の行政運営を監視する意味合いのものであり、外部監査の機能も併有しています。

　それでは、なぜ監査委員監査が内部監査と外部監査の両方を折衷したようなものになってしまったのでしょうか。

　自治体監査の歴史を紐解くと、1946年（昭和21年）に監査委員制度が創設された当初は、首長の指揮下に監査委員はあり、内部監査としての機能が予定されていたという経緯があります。その後、1948年（昭和23年）の地方自治法改正によって住民監査請求制度が創設されたことを受け、監査委員制度は外部監査としての機能が求められるようになってきました。

　このように、内部監査から外部監査の機能が求められるようになっても、監査委員制度が誰のために行われる監査であるのかの議論がしっかりなされてこなかったことも要因となり、その結果、現行の監査委員制度は、内部監査と外部監査の両方の要素が入り混じってしまっている状況になって

います[6]。

　自治体監査が誰のための監査であるかと問われれば、住民の納めた税金等が適正かつ効果的に使われているかを検証し、その結果を住民に伝えるということが自治体監査の持つ本来の主旨と考え、「**住民のための監査**」であるというのが模範的な回答になります。

　しかしながら、監査委員制度自体の仕組みをみると、内部監査の要素があるため、**自治体経営に資すること**を目的として掲げることも否定することはできず、その他にも**ホームドクターとしての役割**[7]を持つなど、さまざまな主体が考えられます。そのため、どれか一つを強調するというのではなく、それぞれの主体にバランス良く貢献できるような監査を行っていくことが現状の制度の中では大切なのではないかと思います。

地方自治体の監査の歴史

1 監査制度の沿革

　現在の監査委員制度は、地方自治法が制定された1947年（昭和22年）に創設されたものです。その前までは、現在のように地方自治体の長から独立した権限を有しておらず、地方自治体の長の補助機関という位置づけでした。

　その後、**図表1-2**のように、住民監査請求や外部監査の制度が創設されるなど、諸々の改正が行われ、現在に至っています。

図表1-2　自治体監査に関する制度改正の主な沿革

年	制定・改正の主な内容
1899年 （明治32年）	・府県制（※）において府県参事会による実地出納検査。
1911年 （明治44年）	・市制（※）・町村制（※）において議会による市町村事務の一般的な書面検査、実地検査。
1943年 （昭和18年）	・「考査役」制度の創設。 ※大都市に考査役を置き、例月出納検査及び年2回の臨時出納検査を実施する。
1946年 （昭和21年）	・**「監査委員制度」**の創設（「考査役」制度を活用した制度として創設）。 ※その権限は、地方団体の経営に係る事業の管理、出納その他の事務の執行の監査、例月及び臨時の出納検査、決算審査が含まれる。しかしながら、監査委員は、職務上は独立した権限を有していたが、身分的には地方団体の長の指揮監督に服し、監査の結果についても長及び議会に報告するのみで、住民への公表は長が行う。

1947年 (昭和22年)	・地方自治法の制定により、**独任制の「監査委員制度」**創設。 ※監査委員は首長と対等の立場で監査を実施し、監査委員を都道府県の吏員とする規定を撤廃する。
1948年 (昭和23年)	・「住民監査請求制度」の創設。 ※納税者訴訟制度の採用により、職員の違法又は不当行為の矯正措置の請求における監査の権限が追加される。
1950年 (昭和25年)	・「補助金、交付金、貸付金その他の財政援助を与えているものの出納及びその他の事務の執行の監査」の追加。 ・「直接請求による監査」の範囲の拡大。 ・「監査委員の解職請求に関する訴訟手続」の追加。
1952年 (昭和27年)	・監査を実施するにあたっては、「地方自治法第2条第14項及び第15項の規定の趣旨（事務の能率化、組織運営の合理化）に則ってなされる」ことに改正する。 ・識見委員を常勤とすることができるようになる。 ・必要があると認めるときは、組織及び運営の合理化に資するため監査報告に添えて意見書を提出することが可能となる。 ・市の監査委員の定数は条例により4人とすることができたが、指定都市に限定された。 ・地方公営企業法の制定により、公営企業の決算も審査の対象となる。
1956年 (昭和31年)	・関係人に対する調査権限の付与。 ・識見監査委員の任期が2年から3年に延長される。
1963年 (昭和38年)	・「市町村における監査委員」の必置（従来は都道府県のみ必置で市町村は任意）。 ・「代表監査委員制度」の新設。 ・監査委員の職務権限の改正。 「出納その他の事務の執行」⇒「財務に関する事務の執行」 ・「監査委員の定数」（都道府県・25万人以上の市＝4人。その他の市は条例により3人又は2人。町村は条例により2人又は1人）。 ・「監査委員事務局」の法制化。都道府県は必置。市は任意設置。 ・「補助職員」の必置。 ・「指定金融機関の公金の収納支払事務についての監査」の追加。

	・「臨時出納検査」の廃止（抜き打ちの出納検査をいい、実施する際には議員の立会が条件になっていたが、一部の議員が被検査側に情報を漏らしたりしたため、実効性があがらないという全国都市監査委員会等からの意見具申により廃止となる）。 ・「基金運用状況の審査」を追加。
1974年 （昭和49年）	・識見監査委員の任期が3年から4年に延長。
1986年 （昭和61年）	・「公有地信託の受託者の監査」を追加。
1991年 （平成3年）	・「行政監査」の創設。 ・「公正不偏の原則」規定の追加（法198の3①）（監査委員の独立性強化のため）。 ・監査委員（識見）の選任要件（法196②）。 （少なくとも1人は、選任前5年間において当該地方自治体の常勤職員及び短時間勤務の職を占める職員でなかった者） ・「公の施設の管理受託者監査」の追加。 ・「議会による機関委任事務の要求監査」の追加。
1997年 （平成9年）	・町村の監査機能強化（監査委員事務局の条例で定めることによる設置、定数2人）。 ・自治体ＯＢの監査委員就任の制限（1人を上限）。「選任前5年間」が削除。 ・監査結果の公表の義務づけ。 ・**「外部監査制度」の創設。**
1999年 （平成11年）	・機関委任事務の廃止により監査対象の拡大（自治体の仕事の7割〜8割を占めた戸籍住民基本台帳、生活保護等の機関委任事務は、監査の実施が不可であった）。 ・主務大臣等による要求監査の廃止。
2006年 （平成18年）	・監査委員定数の増加の自由化（条例で変更可能となる）。
2008年 （平成20年）	・地方公共団体財政健全化法の制定により「健全化判断比率、資金不足比率の審査」の義務づけ。
2011年 （平成23年）	・監査委員事務局の共同設置。

2017年 （平成29年）	・各地方自治体で「監査基準」を定め、公表の義務づけ。 ・「勧告制度」の創設。 ・「監査専門委員」の創設。 ・「内部統制評価報告書の審査」の義務づけ（都道府県・指定都市のみ）。 ・「議選監査委員の義務付け」の緩和。 ・条例により包括外部監査を実施する自治体の実施頻度の緩和。

※地方自治法が制定される前は、府県制・市制・町村制に分かれていたが、地方自治法が制定され、統合される。

2　監査委員制度が改正される背景について

　1952年（昭和27年）の地方自治法改正により、監査委員の監査の観点として「事務の能率化や組織運営の合理化に則ってなされる」ということが明確になったのは、極めて重要な改正でした。その背景には、当時の地方財政が占領期の制度改革、それに伴う人件費の膨張、社会労働施設費の急増などで、極めて逼迫した状況にあり、地方財政史上未曾有といわれるほどの赤字問題を生み出しており、地方財政の膨張を阻止する機関として、中央政府に代わって自治体行政を監視するという目的があったとされています[8]。

　その後、監査委員制度について、さまざまな改正が行われてきましたが、その多くは、地方制度調査会等の答申を受けて、改正が行われています。

　まずはじめに、第18次地方制度調査会（1980年（昭和55年））では、以下のことについて答申されていますが、1991年（平成３年）の地方自治法が改正されるまで、特に特筆すべき重要な改正は行われませんでした。

● 第18次地方制度調査会
１．監査委員の監査対象及び職務権限の拡大
２．監査委員の職務の専門性及び独立性の確保
３．監査の実施体制の整備

【1991年（平成３年）の地方自治法改正】

○ 機関委任事務も含め一般行政事務についても監査できることとする（行政監査）。

○ 公の施設の管理の受託者に対して監査できることとする。

○ 知識経験を有する者のうちから選任される監査委員を複数置く場合については、そのうち１人以上は、その選任前の５年間当該地方公共団体の常勤職員・短時間勤務の職を占める職員でなかった者でなければならない。

○ 都道府県及び人口25万以上の市については、知識経験を有する者のうちから選任される監査委員は、少なくとも１人は常勤としなければならない。

○ 監査結果の報告、監査意見の提出については、監査委員の合議により決定する。

● **第25次地方制度調査会**

第25次地方制度調査会（1997年（平成９年））では、一部の地方自治体に見受けられる予算の不適正な執行について、各方面から厳しい指摘がありました。それは、住民の信頼を著しく損なうとともに、これからの地方分権のあり方についても憂慮すべき影響を与えかねないと危惧されることから、地方自治体の予算執行の適正化、行政監理の充実、監査機能の強化などのチェック機能の向上を図ることが緊要ということで、地方自治体の適正な運営を確保するため、監査制度の改革を進める必要があることを答申しています。

【1997年（平成９年）の地方自治法改正】

○ 外部監査制度の導入。

○ 町村の監査委員の定数を２人とする。

○ 監査委員のうち退職職員から選ばれるものについては１人を上限とする。

○ 監査の結果に関する報告に基づいて講じた措置の公表。

○ 町村にも監査委員事務局を設置可能とする。

● **第29次地方制度調査会**

第29次地方制度調査会（2009年（平成21年））では、監査委員の選任方法や構成について、監査委員を公選による選出も含めて検討を行う必要があるとし、監査委員事務局の共同設置、監査結果の報告等にあたり、少数意見を付記して公表することなどが適当であると指摘しています。

● **地方分権改革推進委員会「第４次勧告」**

地方分権改革推進委員会の「第４次勧告」（2009年（平成21年））では、「監査委員の機能の充実、外部監査機能の積極的な活用を図ることが肝要である」とされています（同勧告Ⅱ「５財政規律の確保」）。

● **地方行財政検討会議（総務省）**

地方行財政検討会議（2010年（平成22年）１月）では、会計検査院検査を通じて、監査委員制度と外部監査制度の実効性に疑問が提起され、現行の監査委員制度と外部監査制度を廃止も含めてゼロベースで見直しを進める方針が示されています。

● **地域主権戦略大綱（内閣府）**

地域主権戦略大綱（2010年（平成22年）６月閣議決定）では、現行の監査委員制度・外部監査制度について、廃止を含め、抜本的に再構築することとされ、以下の検討事項を挙げています。

・ 監査制度を内部の監査と外部の監査に再構築し、対象及び観点を制度上明確に区分する。

・ 内部の監査については、議会の監視機能との役割分担を踏まえた組織形態の在り方、執行機関における内部統制システムの構築等について具体的な制度設計を検討する。

・ 外部の監査については、監査対象からの独立性を確保した、組織的

な外部監査体制の構築について具体的な制度設計を検討する。

・　監査の客観性・実効性確保のため、専門的な知識を有する人材の確保の方策、監査基準の設定について検討する。

● **地方公共団体の監査制度に関する研究会（総務省）**

　地方公共団体の監査制度に関する研究会（2013年（平成25年））では、監査基準の必要性、内部統制体制の整備、監査委員の監査権限の範囲の見直し、監査委員・監査委員事務局の専門性・独立性の確保（監査の専門職の設置、監査委員・事務局職員に一定の資格を求めること等）、監査結果の効果（勧告又は措置請求の制度導入の是非）、外部監査制度の見直し等が議論されています。

● **第31次地方制度調査会**

　第31次地方制度調査会（2016年（平成28年））では、「地方公共団体のガバナンスの一層の強化」が議論され、以下のことが提言されています。

①　一般に公正妥当と認められるものとして、監査を実施するに当たっての基本原則や実施手順等について、地方公共団体に共通する規範として、統一的な基準を策定すること。

②　監査の透明性を高める観点から、合議に至らない場合でも、監査の内容や監査委員の意見がわかるようにすること。

③　監査の結果が有効に生かされるよう、必要に応じて監査委員が必要な措置を勧告できるようにし、これに対して、監査を受けた者が説明責任を果たすような仕組みを設けること。

④　監査の実施にあたって必要な専門性を高めるための研修制度を設け、研修の修了要件を明確化する等、外部から見ても専門性を有していることがわかるような仕組みとすること。

⑤　専門性の高い外部の人材の活用という観点から、監査委員が、特定の事件につき専門委員を任命できるようにすること。

⑥　各地方公共団体の判断により、監査委員は専門性のある識見監査委員に委ね、議選監査委員を置かないことを選択肢として設けること。

⑦　監査委員を補助する監査委員事務局の充実策として、市町村が連携して事務局の共同設置を行う等、専門性を有する優秀な人材の確保や研修の充実を効率的・効果的に行うための方策を講ずること。

⑧　地方公共団体に共通する監査基準の策定や研修の実施、人材のあっせん、監査実務の情報の蓄積や助言等を担う、地方公共団体の監査を支援する全国的な共同組織を構築すること。

【2017年（平成29年）の地方自治法改正】

○　各地方公共団体で監査基準を定め、公表の義務づけ

○　住民監査請求に基づく監査以外の場合にも勧告権限を付与

○　監査専門委員を選任する権限の付与

○　内部統制評価報告書の審査の義務づけ（都道府県、指定都市）

○　議選監査委員の選任の義務づけの緩和

○　条例により包括外部監査を実施する自治体の実施頻度の緩和

監査委員の組織

　地方自治法では、議決機関としての議会に対し、地方自治体の事務を管理執行する執行機関として地方自治体の長のほか、委員会又は委員が置かれています（地方自治法138条の4①）。

　このように長とは別に委員会又は委員を設ける理由としては、政治的中立性を確保するため（監査委員、教育委員会、選挙管理委員会、公安委員会等）、専門技術的な判断が必要であり外部の学識経験者に判断を委ねることが適当なため（収用委員会等）、利害関係人の参加による調整が必要なため（農業委員会等）の3つに大きく集約することができます。

　監査委員は、その執行機関の一つに位置づけられ、都道府県及び市町村に共通に置かなければならない**独任制**[9]の執行機関に位置づけられています（地方自治法180条の5①）。

　現在は、すべての都道府県、市町村で必ず置かなければならない機関（必置制）となっていますが、1963年（昭和38年）以前は都道府県のみが必置の設置機関であり、市町村は任意の設置機関でした。

　監査委員には、人格が高潔で、地方自治体の財務管理、事業の経営管理その他の行政運営に関し優れた識見を有する者の中から選任される「**識見監査委員**」と、議員の中から選任される「**議選監査委員**」があり、選任にあたっては、議会の同意が必要となってきます。

　識見監査委員には、弁護士、公認会計士、税理士、大学教授、元自治体職員などが選任されることが多く、議選監査委員は、条例で定めれば、選任しないこともできるようになっています。

　監査委員の定数は、地方自治体の規模により異なり、現在は、**図表1-3**のように定められています。その過程は**図表1-4**の変遷をたどっています。

地方自治法では、条例で定めれば監査委員の定数を増やすこともできるため、監査機能の強化を目的に、人口25万人未満の市町村でも監査委員の定数を３人にすることは可能です。

　一方、人口25万人以上の市が人口減少により25万人未満になったとしても、４人の監査委員を維持することはできます。

　監査委員は、原則として「**非常勤**」になりますが、都道府県と人口25万人以上の市では、「**常勤**」の監査委員を置かなければなりません。

　しかし、人口25万人未満の市でも、常勤の監査委員を置くことは可能であるため、監査の充実・強化を図るため、常勤の監査委員を置いているところもあります。

　また、地方自治法では、識見監査委員の中から**代表監査委員**を１人選ばなければならないことが定められ、議選監査委員は、代表監査委員になることはできません。

　代表監査委員は、他の監査委員とは違い、事務局職員の任免のほか、監査専門委員の選任、監査委員に関する庶務（事務局職員の出張命令、首長から委任を受けて行う監査委員に関する予算の執行、首長への予算要求書の提出など）や訴訟に関する事務を所掌しています。

図表1-3　監査委員の定数

区分	監査委員の定数	うち議選委員※
都道府県	４人	２人又は１人
政令で定める市（人口25万人以上）		
その他の市	２人	１人
町村		

※2017年（平成29）の地方自治法改正により、議選委員の義務づけが緩和され、議員の中から監査委員を選出しないことができる。

図表1-4　監査委員の定数に係るこれまでの変遷

地方自治法の改正等 （年・主な内容）		監査委員の定数		
		都道府県	市	町・村
1946年 （昭和21年）	・監査委員制度の創設	・東京都6人、その他道府県4人（必置）	・勅令・内務大臣が指定する市4人 ・その他市町村2人（任意）	
1947年 （昭和22年）	・地方自治法の制定 ・独任制に改正	4人 （必置）	2人 （任意）	2人 （任意）
1948年 （昭和23年）	・住民監査請求制度の創設		4人まで可能	
1952年 （昭和27年）	・地方自治法第2条第14項・第15項の規定の趣旨に則った監査の実施 ・審査対象の拡大（地方公営企業の決算）		人口10万人以上、公営企業を有する市は4人まで	
1963年 （昭和38年）	・監査委員の必置（市町村） ・代表監査委員制度の新設 ・監査委員事務局の法制化 ・補助職員の必置		・3人又は2人（必置） ※人口25万人以上は4人（必置）	2人又は1人（必置）
1997年 （平成9年）	・監査委員事務局が町村で設置可能 ・監査結果の公表の義務づけ ・外部監査制度の創設			2人 （必置）
2006年 （平成18年）	・監査委員定数の増加の自由化（条例で変更可能）		条例で識見委員を増やすことが可能	
2008年 （平成20年）	・健全化判断比率、資金不足比率の審査の義務づけ			
2011年 （平成23年）	・監査委員事務局の共同設置			
現在				

監査委員の任期及び罷免

1 監査委員の任期

監査委員の任期は、識見監査委員が４年となっていますが、**図表1-2**（11頁）のように、1956年（昭和31年）のときに２年から３年に延長され、1974年（昭和49年）のときに３年から現在の４年に延長されました。

議選監査委員が議員の任期期間となっていますが、地方自治体によっては、独自の申し合わせで議選監査委員を２年にしたりしているケースも見られます。

また、後任者が選任されるまでの間は、その職務を継続することを妨げないとされています。

2 監査委員の罷免

監査委員は、職務上の義務違反や、監査委員として適さない非行があると地方自治体の長に判断され、議会の同意があると、監査委員を罷免されます。その他にも監査委員が心身の故障のため監査業務を遂行することが不可能であると認められたときもあります。

罷免の場合に議会の同意が必要であるのは、監査委員は地方自治体の長と相対立する関係に立つこともありますので、地方自治体の長が恣意的に監査委員を罷免することを防止するねらいがあるからとされています。

そして、罷免しようとする場合には、本議会の同意議決だけでなく、議会の常任委員会又は特別委員会において公聴会を開かなければなりません。

また、監査委員が退職をしようとするときは、地方自治体の長の承認を得なければなりません。長の承認手続は地方自治法で義務づけられており、もし、退職しようとするときが任期途中で承認を得られなければ、職務懈怠の状態とみなされます。

監査委員には、その職務の性質上、中立公正な立場が求められることから、職務上知り得た秘密について、在職中はもちろん、退職後も守秘義務が課されるので、注意しましょう。

【地方自治法】

〔罷免〕

第197条の2　普通地方公共団体の長は、監査委員が心身の故障のため職務の遂行に堪えないと認めるとき、又は監査委員に職務上の義務違反その他監査委員たるに適しない非行があると認めるときは、議会の同意を得て、これを罷免することができる。この場合においては、議会の常任委員会又は特別委員会において公聴会を開かなければならない。

②　監査委員は、前項の規定による場合を除くほか、その意に反して罷免されることがない。

6

監査委員事務局とは

　監査委員事務局とは、監査委員を補助するために設置された組織になります。地方自治法では、監査委員の定数が都道府県と人口25万人以上の市の場合で4人、その他の市でも2人という状況です。条例でその数を増やすこともできますが、それでも少人数の監査委員で地方自治体の事務全般を監査するということは非常に難しいことから、監査委員に代わって、事務局職員が自ら監査に従事するという大事な責務を担っています。

　元々、監査委員事務局は、監査委員制度が創設された当初からあったものではありません。監査機能の充実・強化を図るために、1963年（昭和38年）の地方自治法改正で**法制化**されたものになります（町村の場合は、1997年（平成9年）の地方自治法改正で監査委員事務局を設置することができるようになりました）。

　それ以前は、「監査委員の事務を補助させるため、書記その他の職員を置くことができる」と規定するのみで、監査委員を補助する事務局組織に関する記述は法律上ありませんでした。

　しかし、すべての地方自治体に監査委員事務局の設置が**義務づけ**されているわけではありません。

　都道府県の場合は、必ず監査委員事務局を設置しなければならない**必置規定**になっていますが、市町村の場合は、条例で定めることができるという**任意規定**となっていて、必ずしも設置する必要はありません。

　したがって、規模の小さな町村又は一般の市であっても、監査委員事務局を設置していないところもあります。

　事務局内には、事務局長、書記その他の職員が置かれ、その任免権は代表監査委員が有しています。

【地方自治法】

〔事務局の設置等〕

第200条　都道府県の監査委員に事務局を置く。

②　市町村の監査委員に条例の定めるところにより、事務局を置くことができる。

③　事務局に事務局長、書記その他の職員を置く。

④　事務局を置かない市町村の監査委員の事務を補助させるため書記その他の職員を置く。

⑤　事務局長、書記その他の職員は、代表監査委員がこれを任免する。

⑥　事務局長、書記その他の常勤の職員の定数は、条例でこれを定める。ただし、臨時の職については、この限りでない。

⑦　事務局長は監査委員の命を受け、書記その他の職員又は第180条の３の規定による職員は上司の指揮を受け、それぞれ監査委員に関する事務に従事する。

　また、小規模の地方自治体では、監査委員事務局の職員数が限られ、一定の水準を満たす監査を実施するのが困難なケースも考えられます。そこで、監査機能の充実強化を図るため、**他の地方自治体と共同して監査委員事務局を設置する**ことが地方自治法では認められています。

　実際に、監査委員事務局の共同設置を行っているところは、2021年（令和３年）時点で岡山県の備前市と瀬戸内市のみですが、今後、人口減少時代を迎え、事務局体制の人的確保が困難な状況になってきたときに、監査実施体制の強化や独立性を高める手段の一つとして、注目されてくる可能性があります。

　しかし、共同設置した機関等は、それぞれの構成団体の議会に対応する必要があることから手続が煩雑であり、共同設置した個々の職員の事務分掌の変更や職員数の増減を行うたびに、構成団体の議会の議決を経て規約を変更する必要があるなど、制度を活用しづらい面があることが指摘されています[10]。

　また、共同設置を行うかの判断をするのが地方自治体の長であるため、

自らの行政運営について、より厳しい指摘等を求めていく意思や姿勢を長自身が持っているかという点も考えられます。

　さらには、共同設置という制度は、地方自治体の長が共同設置を望んだとしても、近隣の市町村に賛同する長がいるかどうかという難しさもあり、隣接する市町村との合意も大きな壁になることが考えられます。

　このように共同設置を取り巻く環境は厳しく、現行の法制度のままでは、監査委員事務局の共同設置が全国的に拡大していくのは期待しにくいのですが、備前市と瀬戸内市の共同設置について分析した調査報告書では、共同設置における効果として、①独立性の強化（ガバナンス）、②監査の有効性の向上、③監査の効率性の改善、④外部専門家との協働の4点が挙げられています[11]。監査の質を向上する上では効果が期待できます。

【地方自治法】

（機関等の共同設置）

第252条の7　普通地方公共団体は、協議により規約を定め、共同して、第138条第1項若しくは第2項に規定する事務局若しくはその内部組織（次項及び第252条の13において「議会事務局」という。）、第138条の4第1項に規定する委員会若しくは委員、同条第3項に規定する附属機関、第156条第1項に規定する行政機関、第158条第1項に規定する内部組織、委員会若しくは委員の事務局若しくはその内部組織（次項及び第252条の13において「委員会事務局」という。）、普通地方公共団体の議会、長、委員会若しくは委員の事務を補助する職員、第174条第1項に規定する専門委員又は第200条の2第1項に規定する監査専門委員を置くことができる。ただし、政令で定める委員会については、この限りでない。

2　前項の規定による議会事務局、執行機関、附属機関、行政機関、内部組織、委員会事務局若しくは職員を共同設置する普通地方公共団体の数を増減し、若しくはこれらの議会事務局、執行機関、附属機関、行政機関、内部組織、委員会事務局若しくは職員の共同設置に関する規約を変更し、又はこれらの議会事務局、執行機関、附属

機関、行政機関、内部組織、委員会事務局若しくは職員の共同設置を廃止しようとするときは、関係普通地方公共団体は、同項の例により、協議してこれを行わなければならない。

3　第252条の2の2第2項及び第3項本文の規定は前2項の場合について、同条第4項の規定は第1項の場合について、それぞれ準用する。

（共同設置する機関の補助職員等）

第252条の11　普通地方公共団体が共同設置する委員会又は委員の事務を補助する職員は、第252条の9第4項又は第5項の規定により共同設置する委員会の委員（教育委員会にあつては、教育長及び委員）又は委員が属するものとみなされる普通地方公共団体（以下この条において「規約で定める普通地方公共団体」という。）の長の補助機関である職員をもつて充て、普通地方公共団体が共同設置する附属機関の庶務は、規約で定める普通地方公共団体の執行機関においてこれをつかさどるものとする。

2　普通地方公共団体が共同設置する委員会若しくは委員又は附属機関に要する経費は、関係普通地方公共団体がこれを負担し、規約で定める普通地方公共団体の歳入歳出予算にこれを計上して支出するものとする。

3　普通地方公共団体が共同設置する委員会が徴収する手数料その他の収入は、規約で定める普通地方公共団体の収入とする。

4　普通地方公共団体が共同設置する委員会が行う関係普通地方公共団体の財務に関する事務の執行及び関係普通地方公共団体の経営に係る事業の管理の通常の監査は、規約で定める普通地方公共団体の監査委員が毎会計年度少なくとも1回以上期日を定めてこれを行うものとする。この場合において、規約で定める普通地方公共団体の監査委員は、第199条第9項の規定による監査の結果に関する報告を他の関係普通地方公共団体の長に提出するとともに、これを公表しなければならない。

5　前項の場合において、規約で定める普通地方公共団体の監査委員
　　は、第199条第9項の規定による監査の結果に関する報告の決定に
　　ついて、各監査委員の意見が一致しないことにより、同条第12項の
　　合議により決定することができない事項がある場合には、その旨及
　　び当該事項についての各監査委員の意見を他の関係普通地方公共団
　　体の長に提出するとともに、これらを公表しなければならない。

（議会事務局等の共同設置に関する準用規定）
第252条の13　第252条の8から前条までの規定は、政令で定めるとこ
　　ろにより、第252条の7の規定による議会事務局、行政機関、内部
　　組織、委員会事務局、普通地方公共団体の議会、長、委員会若しく
　　は委員の事務を補助する職員、専門委員又は監査専門委員の共同設
　　置について準用する。

　また、監査委員の専門性を補完するため、2017年（平成29年）の地方自
治法改正で「**監査専門委員**」を置くことができるようになりました。
　監査専門委員は、専門の学識経験を有する者の中から代表監査委員が他
の監査委員の意見を聴いて選任されます。
　常設又は臨時で置くことができるため、必要に応じて、監査日数や監査
内容などを決め、調査を委託するようにすれば、監査機能の充実強化に繋
げることができます。
　具体的な事例としては、財政援助団体等監査において公認会計士の資格
を持つ者を選任したり、工事監査においては技術士の資格を持つ者、住民
監査請求において弁護士の資格を持つ者を監査専門委員に選任し、助言を
受けるなどの活用事例が考えられます。
　監査の実施体制が十分でない小規模自治体などでは、ケースに応じて監
査専門委員を複数人置くなどして、監査の充実・強化につなげることが大
切です。

【地方自治法】

〔監査専門委員〕

第200条の2　監査委員に常設又は臨時の監査専門委員を置くことができる。

②　監査専門委員は、専門の学識経験を有する者の中から、代表監査委員が、代表監査委員以外の監査委員の意見を聴いて、これを選任する。

③　監査専門委員は、監査委員の委託を受け、その権限に属する事務に関し必要な事項を調査する。

④　監査専門委員は、非常勤とする。

地方自治体の監査の種類

　地方自治体の監査には、大きく分けると、「監査委員が行う監査」と「外部監査人が行う監査」の2つがあり、次のとおりさらに細かく分かれています。

監査委員による監査

定期的に行う監査等

- 財務監査（定期監査）
- 例月出納検査
- 決算審査
- 基金運用状況の審査
- 健全化判断比率等の審査
- 内部統制評価報告書の審査※1

※1　都道府県、指定都市のみ

必要なときに行う監査等

- 行政監査
- 財政援助団体等監査
- 指定金融機関等の監査
- 随時監査

要求されたときに行う監査等

- 住民からの事務監査請求監査
- 住民監査請求による監査
- 長からの要求監査
- 議会からの請求監査
- 長の要求による職員の賠償責任の監査

外部監査人による監査

包括外部監査※2

個別外部監査

※2 都道府県、指定都市、中核市のみ

外部監査人による監査が生まれた背景

　外部監査が生まれた背景としては、監査委員による監査が「身内による監査」という感が色濃くあり、公正・中立にチェックするには限界があるという意見があったのが挙げられます。

　加えて、地方分権の進展により、国による地方自治体への関与が縮減することで、地方自治体のチェック機能の充実がより一層求められるようになりました。

　こうした状況下のなか、1994年（平成6年）に、全国知事会などの地方6団体は、公正かつ効率的な財政運営を確保するため、監査委員による監査に加えて、財務監査についての外部監査制度の導入が提言され、第24次地方制度調査会の答申である「地方分権の推進に関する答申」においても、行政の公正と能率を確保するため、外部監査制度を検討することが必要であるという指摘がされます。

　そして、1997年（平成9年）の第25次地方制度調査会の答申で、「地方公共団体へ第三者による外部監査制度を導入すべき」という改革案が提示され、外部監査人による監査制度が創設されます。

定期的に行う監査等

　監査等の種類の中には、法律で実施することが義務づけられた、定期的に行う監査等があります。

1　財務監査（定期監査）

　地方自治体の財務に関する事務の執行や、経営に係る事業の管理に関して、予算の執行、工事の執行等が適正かつ効率的に行われているかについて、定期的に（毎年度、少なくとも1回以上期日を定めて）監査を行うものをいいます。地方自治体によっては、「定期監査」又は「定例監査」という名称を使うところもあります。

【根拠法律】地方自治法第199条（抄）

（条文）

④　監査委員は、毎会計年度少なくとも1回以上期日を定めて第1項の規定による監査※をしなければならない。

※　第1項の規定による監査とは、「監査委員は、普通地方公共団体の財務に関する事務の執行及び普通地方公共団体の経営に係る事業の管理を監査」をいいます。

　監査委員が行う監査の中で、最も主となる監査になります。

　毎年度、**少なくとも1回以上**、実施することが義務づけられていますが、各地方自治体の運用の中で、すべての組織を毎年度監査する地方自治体もあれば、2年に1回のローテーションで全組織の監査を実施する地方自治体もあるなど、各地方自治体によって監査の実施方法が異なります。

監査の対象となる「財務に関する事務」とは、予算の執行、収入、支出、契約、現金及び有価証券の保管、財産管理等に関する事務をいい、「経営に係る事業」とは、水道・下水道・病院などの地方公営企業会計に係る収益性を有する事業をいいます。

財務や経営と規定されていますが、明確な範囲は定められていないため、実際、公共施設や道路などの工事が設計・積算・施工等の各段階で経済的に妥当であるか、能率的に行われているかなど、技術面から適正に行われているかを監査する「**工事監査**」を定期監査とは別に分けて実施している地方自治体もあります。

また、市町村によっては、小中学校の財務に関する事務、施設・物品の管理状況などを対象とした「**学校監査**」を実施している地方自治体もあります。

2　決算審査

地方自治体の長から審査に付された決算書及びその他の関係書類の計数を確認し、予算の執行と会計処理が適正で効率的に行われているかを審査するものです。

【根拠法律】地方自治法第233条（抄）、地方公営企業法第30条（略）
（条文）

2　普通地方公共団体の長は、決算及び前項の書類[※]を監査委員の審査に付さなければならない。

※　前項の書類とは「会計管理者が普通地方公共団体の長に提出した証書類その他政令で定める書類」、「管理者が地方公共団体の長に提出した当該地方公営企業の決算を調製し、証書類、当該年度の事業報告書及び政令で定めるその他の書類」をいいます。

地方自治体の長は、毎年度、決算及び証書類その他政令で定める書類を議会に上程する前に監査委員の審査に付し、監査委員の意見を付けて、議

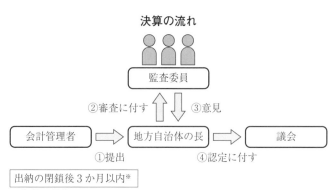

決算の流れ

監査委員

②審査に付す ③意見

会計管理者 ⟹ 地方自治体の長 ⟹ 議会

①提出 ④認定に付す

出納の閉鎖後3か月以内※

・決算の調整
・証書類その他政令で定める書類

※地方公営企業法の管理者の場合は、毎事業年度終了後、2か月以内。

会の認定に付することになります。

　基本的には、出納整理期間の終了後から議会（9月）までの期間中に、すべての組織を対象に決算審査を実施し、審査結果を意見書にまとめるため、計数の正否や収入支出の合法性を審査するのが主になっています。

　一般会計・特別会計の財務諸表の作成が決算審査の時期までに作成できている一部の地方自治体では、財務諸表に関する審査も併せて実施しているところも見られます。

　地方自治体によって決算審査の位置づけは異なりますが、定期監査を期中時の決算審査と位置づけ、定期監査の結果を参考にした効率的な決算審査に努めている地方自治体もあります。

3　基金運用状況の審査

　基金の運用状況を調べ、基金の運用が、適正に、かつ効率的に行われているかを審査するものです。

【根拠法律】地方自治法第241条（抄）

（条文）

5　第1項の規定により特定の目的のために定額の資金を運用するための基金を設けた場合においては、普通地方公共団体の長は、毎会

計年度、その運用の状況を示す書類を作成し、これを監査委員の審査に付し、その意見を付けて、第233条第5項の書類※と併せて議会に提出しなければならない。

※　第233条第5項の書類とは「当該決算に係る会計年度における主要な施策の成果を説明する書類その他政令で定める書類」をいいます。

　地方自治体が定額の資金を運用するための基金を設けた場合は、地方自治体の長は、毎会計年度、その運用の状況を示す書類を作成し、これを監査委員の審査に付し、その意見を付けて、第233条第5項の書類（当該決算に係る会計年度における主要な施策の成果を説明する書類その他政令で定める書類）と併せて議会に提出しなければなりません。

4　健全化判断比率等の審査

　毎年度、地方自治体の長から審査に付された健全化判断比率等（実質赤字比率、連結実質赤字比率、実質公債費比率、将来負担比率、資金不足比率）及びその算定の基礎となる事項を記載した書類の計数を確認し、予算の執行と会計処理が適正で効率的に行われているかを審査するものです。

【根拠法律】地方公共団体の財政の健全化に関する法律第3条（抄）
（条文）

① 　地方公共団体の長は、毎年度、前年度の決算の提出を受けた後、速やかに、実質赤字比率、連結実質赤字比率、実質公債費比率及び将来負担比率（以下「健全化判断比率」という。）並びにその算定の基礎となる事項を記載した書類を監査委員の審査に付し、その意見を付けて当該健全化判断比率を議会に報告するとともに、当該健全化判断比率を公表しなければならない。

【根拠法律】地方公共団体の財政の健全化に関する法律第22条（抄）

（条文）

① 公営企業を経営する地方公共団体の長は、毎年度、当該公営企業の前年度の決算の提出を受けた後、速やかに、資金不足比率及びその算定の基礎となる事項を記載した書類を監査委員の審査に付し、その意見を付けて当該資金不足比率を議会に報告し、かつ、当該資金不足比率を公表しなければならない。

　地方自治体の長は、毎年度、前年度の決算の提出を受けた後、速やかに、実質赤字比率、連結実質赤字比率、実質公債費比率及び将来負担比率（「健全化判断比率」という）並びにその算定の基礎となる事項を記載した書類を監査委員の審査に付し、その意見を付けて当該健全化判断比率を議会に報告し、かつ、当該健全化判断比率を公表しなければなりません（地方公

図表1−5　健全化判断比率等の概要

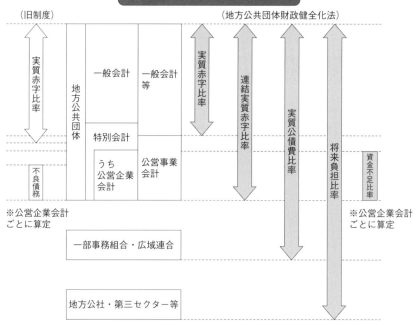

【出所】総務省ホームページ「健全化判断比率等の概要について」

共団体財政健全化法3①)。

　また、地方公営企業の場合も同様に、地方自治体の長は、毎年度、当該公営企業の前年度の決算の提出を受けた後、速やかに、資金不足比率及びその算定の基礎となる事項を記載した書類を監査委員の審査に付し、その意見を付けて当該資金不足比率を議会に報告し、かつ、当該資金不足比率を公表しなければなりません（地方公共団体財政健全化法22①)。

図表1−6　健全化判断比率等の定義

指標名	内容
実質赤字比率	地方自治体の最も主要な会計である「一般会計」等に生じている赤字の大きさを、その自治体の財政規模に対する割合で表したものをいう。
連結実質赤字比率	公立病院や公共下水道などの公営企業を含んだ「地方自治体の全会計」に生じている赤字の大きさを、財政規模に対する割合で表したものをいう。
実質公債費比率	地方自治体の借入金（地方債）の返済額（公債費）の大きさを、その地方自治体の財政規模に対する割合で表したものをいう。
将来負担比率	地方自治体の借入金（地方債）など現在抱えている負債の大きさを、その地方自治体の財政規模に対する割合で表したものをいう。
資金不足比率	公立病院や公共下水道などの公営企業の資金不足を、公営企業の事業規模である料金収入の規模と比較して指標化し、経営状態の悪化の度合いを示したものをいう。

　健全化判断比率が「**早期健全化基準**」以上となった場合には、「**財政健全化団体**」に該当し、自主的な改善努力による財政健全化を図ることになります。

　また、健全化判断比率が「**財政再生基準**」以上となった場合は、「**財政再生団体**」に該当し、国等の関与による確実な再生を図ることになります。

　地方公営企業の資金不足比率については、「**経営健全化基準**」以上である場合は、経営健全化計画を策定しなければなりません。

図表1-7　早期健全化・再生の必要性を判断するための基準

	早期健全化基準	財政再生基準	経営健全化基準
実質赤字比率	3.75%（都道府県） 11.25〜15%（市町村）	5%（都道府県） 20%（市町村）	―
連結実質赤字比率	8.75%（都道府県） 16.25〜20%（市町村）	15%（都道府県） 30%（市町村）	―
実質公債費比率	25%（都道府県・市町村）	35%（都道府県・市町村）	―
将来負担比率	400%（都道府県・指定都市） 350%（市町村）	―	―
資金不足比率	―	―	20%

5　例月出納検査

　毎月一定の期日を定めて、会計管理者、公営企業管理者等から提出された検査資料について、その計数を関係証拠書類（預金残高証明書、総勘定元帳、伝票など）と照合確認するとともに、検査当日における保管現金の確認を行うものです。

【根拠法律】地方自治法第235条の2（抄）

（条文）

① 普通地方公共団体の現金の出納は、毎月例日を定めて監査委員がこれを検査しなければならない。

　一般会計や特別会計（公営企業会計を含む）の現金の出し入れについて、毎月、期日を定めて計数を確認するとともに、現金の保管状況や支出命令書が適切に処理されているかなどを検査します。

　「現金出納検査」とも呼ばれることがありますが、その対象となるのは、現金の出納のみで、物品の出納は含まれません。

監査委員は、例月出納検査の結果に関する報告を地方自治体の議会及び長に提出しなければなりません（地方自治法235の2③）。

歴史を遡ると、例月出納検査のほかに臨時出納検査があり、抜き打ちで検査されていたこともありましたが、1963年（昭和38年）に廃止され、現在は、例月出納検査のみが残っているという状況になります。現金の出納検査は抜き打ちで実施してはじめて効果がありますので、出納検査の意義はこの改正によって失われたともいわれています[12]。

現在は、口座振替の普及によって、現金の取扱いが著しく減少していることもあり、帳簿残高を金融機関の残高証明書と照合することが例月出納検査の主となっているところがありますが、現行の自治体監査制度の枠組みの中で有機的に各種監査等と連携を図ることで、効率的かつ有効的な監査の実現に繋げることができます。

例えば、例月出納検査において、月の収支の合計（現金の出納）を確認するだけでなく、収入・支出に関する事務手続の合規性や、数値の正確性についても毎月検査しておけば、その結果を決算審査に活用することで、審査の効率化が図られ、決算審査の充実・強化にも繋げることができます。

また、常勤の監査委員は、人口25万人以上の地方自治体でないと置かなくてもよいため、ほとんどの地方自治体は、例月出納検査が監査委員の登庁する貴重な機会になります。このため、毎月の例月出納検査で出納帳簿等の確認とあわせて、支出伝票等の関係書類を確認することで、財務監査や決算審査を効率的に実施することが可能となります。

必要なときに行う監査等

　監査委員が必要であると認めたときに行う監査になります。必要でないと認めたときは、実施しなくてもよいということであり、その判断基準は監査委員に委ねられています。

1　行政監査

　財務以外の行政事務全般（内部組織・職員の配置・事務処理の手続、行政の運営等）について監査を行うものです。

【関係法律】地方自治法第199条（抄）

（条文）

②　監査委員は、前項に定めるもののほか、必要があると認めるときは、**普通地方公共団体の事務**（自治事務にあつては労働委員会及び収用委員会の権限に属する事務で政令で定めるものを除き、法定受託事務にあつては国の安全を害するおそれがあることその他の事由により監査委員の監査の対象とすることが適当でないものとして政令で定めるものを除く。）**の執行**について監査をすることができる。この場合において、当該監査の実施に関し必要な事項は、政令※で定める。

※　政令とは、地方自治法施行令第140条の6を指し、「地方自治法第199条第2項の規定による監査の実施に当たつては、同条第3項の規定によるほか、同条第2項に規定する事務の執行が法令の定めるところに従つて適正に行われているかどうかについて、適時に監査を行わなければならない」と規定しています。

監査委員が必要と認めるときに行う監査ということで、法的に実施しなければならないということではないため、監査委員の裁量に任されているところがあります。実施するかどうかの基準は、特段定められておらず、実施しなくても特に問題はありません。加えて、監査の手法も明確に定められていません。

　そのため、定期監査（財務監査）の中で行政監査を含めて行う方法や、定期監査とは切り離して単独で行政監査を行う方法など、地方自治体によってバラバラというのが実態です。

　留意すべきは、地方自治法第2条第14項及び第15項の趣旨に則っているかどうかを考慮することが強く求められている点です。地方自治体の監査は、違法あるいは不当な事務の執行がないかどうかという観点からの監査が主となり、行政の経済性・効率性・有効性の向上という観点の監査は実施できていないところがあります。

　そういう意味では、財務以外の行政事務全般を対象とする行政監査の果たす役割はとても重要です。しかし、実施するための監査体制が十分でない点や監査委員・監査委員事務局職員の専門性が欠如している点が足枷となり、行政監査を実施したくても実施できないという状況が中小規模の地方自治体で多く見られます。

2　財政援助団体等監査

　監査委員が必要と認めるとき、又は地方自治体の長から要求があるとき、地方自治体が財政援助を与えている団体、出資団体、借入保証団体、信託の受託者、公の施設の管理者（指定管理者）（「財政援助団体等」という。）に対して監査を行うものです。

【関係法律】地方自治法第199条（抄）

（条文）

⑦　監査委員は、必要があると認めるとき、又は普通地方公共団体の長の要求があるときは、当該普通地方公共団体が**補助金、交付金、負担金、貸付金、損失補償、利子補給その他の財政的援助を与えて**

いるものの出納その他の事務の執行で当該財政的援助に係るものを監査することができる。当該普通地方公共団体が**出資しているもので政令で定めるもの**、当該普通地方公共団体が**借入金の元金又は利子の支払を保証しているもの**、当該普通地方公共団体が受益権を有する**信託で政令で定めるものの受託者**及び当該普通地方公共団体が第244条の2第3項の規定に基づき**公の施設の管理を行わせているもの**についても、同様とする。

地方自治体で財政援助団体等監査を実施するものは、次の3つです。
①補助金等交付団体監査
②指定管理者監査
③出資団体監査
①のみ実施、①と②を実施、①〜③のすべてを実施するというケースが多く見られます。

もともと、「財政援助」とは、補助金、交付金、負担金、貸付金、損失補償、利子補給等の財政的援助を与えているものをいいます。
「補助金等交付団体監査」はこれらを対象にした監査になります。
「指定管理者監査」は、地方自治法の「公の施設の管理を行わせているもの」に該当することを指しています。
「出資団体監査」とは、当該地方自治体の出資団体のうち政令（地方自治法施行令）で定める資本金、基本金その他これらに準ずるものの4分の1以上出資している団体の監査を行うことになります。
地方自治体が借入金の元金又は利子の支払を保証している借入保証団体や、地方自治体が受益権を有する不動産の信託の受託者を対象にした監査はあまり見ることがありません。

3　指定金融機関等の監査

監査委員が必要であると認めるとき、又は地方自治体の長や管理者（公営企業）から要求があるとき、指定金融機関、指定代理金融機関、収納代

理金融機関、収納事務取扱金融機関が取り扱う公金の収納又は支払の事務について監査ができるというものです。

【関係法律】地方自治法第235条の2第2項（抄）地方公営企業法第27条の2第1項（略）

（条文）

2　監査委員は、必要があると認めるとき、又は普通地方公共団体の長の要求があるときは、前条の規定により指定された金融機関が取り扱う当該普通地方公共団体の公金の収納又は支払の事務について監査することができる。

※　地方公営企業法では、地方自治法中の「普通地方公共団体の長」を「管理者」に、「当該普通地方公共団体の」を「地方公営企業の業務に係る」に読み替えます。

当該金融機関が法令、財務規則、公金事務取扱要領等の規定に従い、公金の収納及び支払の事務を適正に行っているか否かについて、監査を実施します。

具体的には、公金の収支状況が、地方自治体の長と指定金融機関等との間に締結された公金事務取扱契約書、公営企業管理者と出納取扱金融機関又は収納取扱金融機関との間に締結された出納事務取扱契約書又は収納事務取扱契約書に基づき正確に取り扱われているかなどについて、関係帳票類をもとに監査を実施します。

しかしながら、監査委員事務局の体制が少人数の地方自治体では、地方自治法により会計管理者が金融機関の公金の収納・支払事務を検査していることもあり、指定金融機関等の監査を実施している例はほとんど見かけません。

4　随時監査

監査委員が必要であると認めたとき、実施する監査をいいます。

【関係法律】地方自治法第199条（抄）

（条文）

⑤　監査委員は、前項に定める場合のほか、必要があると認めるとき
は、いつでも第１項の規定による監査をすることができる。

　定期監査は、毎年度少なくとも１回以上期日を定めて監査することが義
務化されていますが、随時監査は、監査委員が必要であると判断したとき
に実施する監査であり、地方自治体の長から要求があって実施するケース
もあります。地方自治法では、財務監査（第199条第１項の普通地方公共
団体の財務に関する事務の執行及び普通地方公共団体の経営に係る事業の
管理）について監査することができるとあり、広く全庁的に共通するテー
マを監査の対象として監査を実施することもありますが、財政援助団体等
の監査を随時監査で実施するなどの例もあります。

要求されたときに行う監査等

　住民や議会、地方自治体の長から監査の要求があったときに監査を行う
ものです。

1　住民監査請求による監査

　住民が地方自治体の執行機関又はその職員が違法又は不当な公金の支出
や財産の取得、管理、処分などを行っているので、必要な措置を講じるよ
う、監査委員に監査を求めてきたときに行う監査をいいます。

【関係法律】地方自治法第242条（抄）

（条文）

① 普通地方公共団体の住民は、当該普通地方公共団体の長若しくは
　委員会若しくは委員又は当該普通地方公共団体の職員について、違
　法若しくは不当な公金の支出、財産の取得、管理若しくは処分、契
　約の締結若しくは履行若しくは債務その他の義務の負担がある（当
　該行為がなされることが相当の確実さをもつて予測される場合を含
　む。）と認めるとき、又は違法若しくは不当に公金の賦課若しくは
　徴収若しくは財産の管理を怠る事実（以下「怠る事実」という。）
　があると認めるときは、これらを証する書面を添え、監査委員に対
　し、監査を求め、当該行為を防止し、若しくは是正し、若しくは当
　該怠る事実を改め、又は当該行為若しくは怠る事実によつて当該普
　通地方公共団体の被つた損害を補塡するために必要な措置を講ずべ
　きことを請求することができる。

2　住民からの事務監査請求監査（直接請求）

　選挙権を有する住民から、その総数の50分の1以上の連署をもって、当該地方自治体の事務の執行について、監査請求を求められたときに実施する監査をいいます。

　住民監査請求が地方自治体の執行機関職員の具体的違法、不当な財務会計上の行為等の防止、是正を求めるものであるのに対して、本監査は、地方自治体の事務の執行について監査委員の監査を求め、監査結果を公表することによって問題の所在、その適否を明確ならしめる点で目的が異なります。

【関係法律】地方自治法第75条（抄）

（条文）

① 選挙権を有する者（道の方面公安委員会については、当該方面公安委員会の管理する方面本部の管轄区域内において選挙権を有する者）は、政令で定めるところにより、その総数の50分の1以上の者の連署をもつて、その代表者から、普通地方公共団体の監査委員に対し、当該普通地方公共団体の事務の執行に関し、監査の請求をすることができる。

3　長からの要求監査

　地方自治体の長から当該地方自治体の事務の執行に関し監査の要求があったとき、その要求に係る事項について監査することをいいます。

【関係法律】地方自治法第199条（抄）

（条文）

⑥ 監査委員は、当該普通地方公共団体の長から当該普通地方公共団体の事務の執行に関し監査の要求があつたときは、その要求に係る事項について監査をしなければならない。

---

4 議会からの請求監査

議会から、当該地方自治体の事務について監査請求されたときに実施する監査をいいます。

【関係法律】地方自治法第98条（抄）

（条文）

② 議会は、監査委員に対し、当該普通地方公共団体の事務（自治事務にあつては労働委員会及び収用委員会の権限に属する事務で政令で定めるものを除き、法定受託事務にあつては国の安全を害するおそれがあることその他の事由により本項の監査の対象とすることが適当でないものとして政令で定めるものを除く。）に関する監査を求め、監査の結果に関する報告を請求することができる。この場合における監査の実施については、第199条第2項後段の規定を準用する。

---

5 長の要求による職員の賠償責任の監査

地方自治体の長又は管理者から職員の賠償責任に関する監査の要求があったときは、その事実があるか否かを監査し、賠償責任の有無及び賠償額を決定することとされています。

【関係法律】地方自治法第243条の2（抄）

（条文）

2 普通地方公共団体の議会は、前項の条例※の制定又は改廃に関する議決をしようとするときは、あらかじめ監査委員の意見を聴かなければならない。

※ 前項の条例とは、「当該普通地方公共団体の長若しくは委員会の委員若しくは委員又は当該普通地方公共団体の職員（略）の当該普通地方公共団体に対する損害を賠償する責任を、普通地方公共団体

の長等が職務を行うにつき善意でかつ重大な過失がないときは、普通地方公共団体の長等が賠償の責任を負う額から、普通地方公共団体の長等の職責その他の事情を考慮して政令で定める基準を参酌して、政令で定める額以上で当該条例で定める額を控除して得た額について免れさせる旨」を定めた条例をいいます。

6 個別外部監査

　住民監査請求等の請求において、監査委員による監査に代えて、外部監査人による監査を求めることができるものをいいます。

【関係法律】地方自治法第252条の39（抄）、第252条の40（抄）、第252条の41（抄）、第252条の42（抄）、第252条の43（抄）
（条文）

第252条の39　第75条第1項の請求に係る監査について、監査委員の監査に代えて契約に基づく監査によることができることを条例により定める普通地方公共団体の同項の選挙権を有する者は、政令で定めるところにより、同項の請求をする場合には、併せて監査委員の監査に代えて個別外部監査契約に基づく監査によることを求めることができる。

第252条の40　第98条第2項の請求に係る監査について監査委員の監査に代えて契約に基づく監査によることができることを条例により定める普通地方公共団体の議会は、同項の請求をする場合において、特に必要があると認めるときは、その理由を付して、併せて監査委員の監査に代えて個別外部監査契約に基づく監査によることを求めることができる。この場合においては、あらかじめ監査委員の意見を聴かなければならない。

第252条の41　第199条第6項の要求に係る監査について、監査委員の

監査に代えて契約に基づく監査によることができることを条例により定める普通地方公共団体の長は、同項の要求をする場合において、特に必要があると認めるときは、その理由を付して、併せて監査委員の監査に代えて個別外部監査契約に基づく監査によることを求めることができる。

第252条の42　普通地方公共団体が第199条第7項に規定する財政的援助を与えているものの出納その他の事務の執行で当該財政的援助に係るもの、普通地方公共団体が出資しているもので同項の政令で定めるものの出納その他の事務の執行で当該出資に係るもの、普通地方公共団体が借入金の元金若しくは利子の支払を保証しているものの出納その他の事務の執行で当該保証に係るもの、普通地方公共団体が受益権を有する信託で同項の政令で定めるものの受託者の出納その他の事務の執行で当該信託に係るもの又は普通地方公共団体が第244条の2第3項の規定に基づき公の施設の管理を行わせているものの出納その他の事務の執行で当該管理の業務に係るものについての第199条第7項の要求に係る監査について、監査委員の監査に代えて契約に基づく監査によることができることを条例により定める普通地方公共団体の長は、同項の要求をする場合において、特に必要があると認めるときは、その理由を付して、併せて監査委員の監査に代えて個別外部監査契約に基づく監査によることを求めることができる。

第252条の43　第242条第1項の請求に係る監査について監査委員の監査に代えて契約に基づく監査によることができることを条例により定める普通地方公共団体の住民は、同項の請求をする場合において、特に必要があると認めるときは、政令で定めるところにより、その理由を付して、併せて監査委員の監査に代えて個別外部監査契約に基づく監査によることを求めることができる。

地方自治体の規模に応じて行う監査等

1　内部統制評価報告書の審査

　地方自治体の中で「都道府県」と「指定都市」のみに義務づけられている監査等に「内部統制評価報告書に対する審査」があります（その他の市町村は努力義務）。

　内部統制に関する方針を定めた地方自治体の長は、毎年度、少なくとも１回以上は内部統制に関する方針やその整備した体制について評価した報告書を監査委員の審査に付さなければなりません。

【関係法律】地方自治法第150条（抄）

（条文）

④　都道府県知事、指定都市の市長及び第２項の方針を定めた市町村長（以下この条において「都道府県知事等」という。）は、毎会計年度少なくとも１回以上、総務省令で定めるところにより、第１項又は第２項の方針及びこれに基づき整備した体制について評価した報告書を作成しなければならない。

⑤　都道府県知事等は、前項の報告書を監査委員の審査に付さなければならない。

2　包括外部監査

　地方自治体の中で「都道府県」、「指定都市」、「中核市」に義務づけられている監査等に、「包括外部監査」があります。その他の市町村も条例で定めれば、実施することは可能です。

　地方自治体の財務事務や財政援助等を行っているものについて、外部監査人が監査テーマを決めて監査を行うものです。

【関係法律】地方自治法第252条の37（抄）

（条文）

① 　包括外部監査人は、包括外部監査対象団体の財務に関する事務の執行及び包括外部監査対象団体の経営に係る事業の管理のうち、第2条第14項及び第15項の規定の趣旨を達成するため必要と認める特定の事件について監査するものとする。

2 　包括外部監査人は、前項の規定による監査をするに当たつては、当該包括外部監査対象団体の財務に関する事務の執行及び当該包括外部監査対象団体の経営に係る事業の管理が第2条第14項及び第15項の規定の趣旨にのつとつてなされているかどうかに、特に、意を用いなければならない。

3 　包括外部監査人は、包括外部監査契約で定める包括外部監査契約の期間内に少なくとも1回以上第1項の規定による監査をしなければならない。

監査・検査・審査の違い

　監査委員が行う監査等には、財務監査（定期監査）、行政監査、財政援助団体等監査のように「**監査**」と呼ばれるものや、例月出納検査というように「**検査**」と呼ばれるもの、そして、決算審査、健全化判断比率等の審査のように「**審査**」と呼ばれるものがありますが、これらの、「監査」、「検査」、「審査」という用語には、何か違いがあり、使い分けられているのでしょうか。

図表 1 - 8　監査・検査・審査に関する用例

分類	具体例
監査	財務監査（定期監査）、行政監査、財政援助団体等監査、随時監査、住民監査請求による監査等
検査	例月出納検査
審査	決算審査、基金運用状況の審査、健全化判断比率等の審査、内部統制評価報告書の審査

　用語辞典[13]などで調べてみますと、監査とは、

「主として監察的見地から、事務若しくは業務の執行又は財産の状況を検査し、その正否を調べること」

とされています。

　それに対して、検査とは、監査と比べてより具体的かつ詳細に調べるという意味であると解されています[14]。

　したがって、検査は「調べる」という点では深度が強く、通常では発見しにくい不正な行為を抽出することにも繋がっていきます。

　したがって、財務監査（定期監査）と例月出納検査の両者を比べると、

例月出納検査の方がより深く、詳細に調べるという意味が含まれていることがわかります。

　また、審査については、行政実例（昭27.8行政資料）で「審査とは、一定の事柄について結論を導き出すために、その内容をよく調べることをいう」とされています。

　この3つの用語は、いずれも内容を調べるという点で共通してはいますが、審査には一定の判断を下し、結論を出すということが他のものと比べて強いところに少し違いがあります。

監査の分類

　監査は、監査の対象や主体など、監査の捉え方を変えることで、多くの種類に分類することができます。次に掲げるものは、民間企業の監査で代表的なものになりますが、地方自治体の監査を論じる上では、引用されることも多々ありますので、参考のために記しておきます。

1　会計監査と業務監査

　監査を監査対象に基づいて分類すると、「**会計監査**」と「**業務監査**」に分類されます。

　会計監査は、財務諸表等の会計業務を対象とする監査であり、業務監査は会計業務を含めた経営上の業務活動全般を対象とする監査にあたります。

　公認会計士が行う財務諸表の監査は会計監査に分類され、監査役による取締役の業務に関する監査は業務監査に分類されます。

　地方自治体の監査に当てはめると、会計監査は財務情報を対象とする財務監査や決算審査に相当し、業務監査は財務情報を含めた業務全般を対象とした行政監査などが相当してきます。

2　情報監査と実態監査

　監査を監査の主題に基づいて分類すると、「**情報監査**」と「**実態監査**」に分類されます。

　情報監査は、情報の信頼性を検証するための監査であり、実態監査は、会計記録が行われた根拠となる取引や行為の妥当性等を検証するための監査になります。

　情報監査が行為や活動の結果を監査対象とするのに対して、実態監査は行為や活動それ自体が監査対象となりますので、公認会計士が行う財務諸

表の監査は情報監査に分類され、内部監査人による監査は実態監査に分類されます。

3 外部監査と内部監査

　監査を監査の主体に基づいて分類すると、「**外部監査**」と「**内部監査**」に分類されます。

　外部監査は、企業とは別の外部の第三者によって実施される監査であり、内部監査は、企業内部の内部監査人によって実施される監査になります。

　一般的には、公認会計士による監査は外部監査に分類され、監査役による監査は内部監査に分類されます。

　地方自治体の監査に当てはめるとすると、都道府県や指定都市、中核市などの一部の地方自治体で実施されている外部監査が外部監査に相当しますが、監査委員による監査は内部監査であるか外部監査であるかは議論が分かれ、その位置づけは明確になっていません。

【注釈・参考】

1　大都市とは、京都市、大阪市、名古屋市、横浜市、神戸市、広島市、福岡市、川崎市の8都市を指します。考査役は市長が市会に諮って選任する有給の吏員であり、8都市以外の市にあっては市長は市会に諮ってその有給吏員の中から考査役の職務を行う者を定めることとしました（市制75条の2）。考査役の多くは、従来の考査課長又は、調査課長の職にある者が選任されました。

2　Montgomery 原著；Vincent M.O'Reilly ほか著；中央監査法人訳『モントゴメリーの監査論』（中央経済社、1993年）、6頁参照。
　　鳥羽・秋月氏は、著書の中で米国会計学会（基礎的監査概念委員会）が公表した研究報告書（Committee on Basic Auditing Concepts.1973）で定義された監査概念は、監査という行為を説明する際に十分に依拠でき、グローバルな意味でも、監査研究そして監査教育の際にも、言及されている監査の一般的定義であるとしています（鳥羽至英、秋月信二『監査を今、再び考える』国元書房、2018年、43～48頁）。

3　「最少の経費で最大の効果を挙げているか」、「組織及び運営の合理化に努めているか」についても意を用いなければならないと地方自治法では要請しています。

4　松本英昭『新版　逐条地方自治法［第9次改訂版］』学陽書房、2017年。
　　地方自治法第2条第15項では「他の地方公共団体に協力を求めてその規模の適正化を図らなければならない」という規定もありますが、この規定は監査の意に含まれないと解されています。

5　田中暁「監査委員制度検討の視点」『地方自治』1980年10月号、ぎょうせい、3頁を参考に加筆。

6　足立忠夫氏は、内部監査と外部監査の共通性を見出して、「内部監査といっても、もとより監査そのものの性質は、外部監査と著しく異なるものではない」と述べ、「内部監査と外部監査の違いは、アカウンタビリティの立脚の視点から生じる違いであり、内部監査でも外部監査でも、執行機関が政策に合致した支出を支払ったか否か、その支出は合法的であるかを検証し、かつ行政運営が効率的かつ能率的であることに資するために行われるものである」としています。さらに、「両者（内部監査と外部監査）は併存してなんら差支えの生ずるものではない。両者が、それぞれの立場をたくみに生かしながら、監査を遂行するとき、いずれも行政の向上に寄与するであろう」とも述べられています。

7　馬場伸一『自治体監査の12か月』学陽書房、2021年、33～34頁参照。
　　平谷英明『一番やさしい地方自治の本』学陽書房、2017年、165頁参照。

8　竹下譲「自治体監査の現状と課題（2 監査委員制度の沿革）」『地方財務』1980年6月号、ぎょうせい、223～225頁参照。

9　独任制とは、監査委員が一人ひとり独立して職務を行うことをいいます。そのため、複数の監査委員で構成されていても、「監査委員会」という呼び方をしません。

10　総務省「地方公共団体の事務の共同処理の改革に関する研究会報告書」9頁、https://www.soumu.go.jp/main_content/000051523.pdf。（2022年3月28日時点）

11　監査委員事務局共同設置研究会「監査委員事務局共同設置の有効性に関する調査報告書」https://www.city.setouchi.lg.jp/soshiki/44/3500.html。（2022年3月28日時点）

12　原典雄『監査委員監査の基礎知識』ぎょうせい、2002年、22頁参照。

13　吉田一郎、工藤敦夫、角田禮次郎、大出峻郎、茂串俊、大森政輔、味村治共編『法令用語小辞典　第7次改訂版』学陽書房、1996年。

14　石原信雄、嶋津昭監修、地方財務研究会編集『地方財政小辞典』ぎょうせい、2011年。

第2章

監査委員という
仕事

監査委員は、何をしたらよいのか？

「○○さん、監査委員をお願いしたいのですが、いかがでしょうか？」

監査委員の皆さんは、監査委員になる前に、監査委員という言葉にどのような印象を抱きましたか。人によって監査委員のイメージは異なるかと思いますが、多くの方が、「税金が正しく使われているかをチェックすればよい人」と考えるのではないでしょうか。

もちろん、間違いではありません。しかし、**正しく使われている**かをチェックするからには、財務や会計に関する知識だけでなく、法令や例規、その他にも地方自治体が独自に決めた固有のルールも熟知しておく必要があります。

もし、どうしたらよいかわからないという人は、監査を行うにあたって、最低限、押さえておくべき法令や、条例・規則・規程・要綱などの例規、財務・会計事務に関する手引書、契約事務の取扱いを定めたガイドラインなどを入手しておく必要があります。

また、過去の監査記録を調べておくことも大切になってきます。監査委員がどのような着眼点で監査をしているのか、過去の指摘や注意事項から読み取れることができるからです。もし、指摘されている内容が多くの部署でも見られるものであれば、それは、その地方自治体が抱える課題でもあり、改善が図られているかどうかの重要なチェックポイントにも繋がってきます。

地方自治体の監査を初めて経験する人は、自分自身の知識や経験を最大限に活かしながら、監査等にあたることになりますが、初めて聞くような言葉が多く、単純に用語の意味を質問したり、業務の近況を確認したりするだけで終わってしまうところが見受けられます。

監査で求められる知識は多岐にわたり、なかなか一朝一夕で身につけることはできないものです。

　最初は、本当に大変だとは思いますが、**一つずつ知識を積み重ね、地道に努力していくこと**が大切です。そして、どのように書類等を見ていくのか、監査的な視点・スキルを身につけることがポイントになってきます。

　しかし、**不正の摘発が監査の目的ではありません**。監査の過程で、不適切な事務処理を発見することはあっても、それを目的に監査を行ってはいけません。

　不適切な事例がもし発見されたら、なぜこのような事例が発生してしまったのか、**その原因を探ること**が重要になります。今後、二度と同じようなことが起こらないよう、**根本的な解決に向けた指導や助言**が監査委員には求められてきます。

　また、自分たちのまちの監査水準がどのくらいのレベルにあるのかをしっかりと把握しておくことも重要になってきます。他のまちのホームページを見たりして、情報収集を行い、もし自分たちのまちよりも素晴らしい監査の仕方をしていたり、自分たちのまちと同じような課題等を発見することがあったら積極的に参考にし、前例に捉われることなく改善を図っていくことが大切です。

監査委員には、どのような権限があるのか？

1 関係人への出頭、調査、帳簿等の記録提出、学識経験者等への意見聴取

監査委員には、監査のため必要があると認めるときは、関係人の出頭や、関係人についての調査、関係人に帳簿・書類などの記録等の提出を求めることができます（地方自治法第199条第8項）。

ここでいう「関係人」とは、自分たちのまちの住民とは必ずしも限定されていません。

また、もし、関係人が求めに応じない場合、強制することはできません。行政実例（昭31.10.3自丁発第86号）では、「関係人として地方公共団体が出資している会社に対して、株主名簿原本写の提出を求めることはできるが、会社が拒否した場合はそれ以上の権限を行使し得ない」とされています。

さらに、監査委員は、監査のため必要があると判断したとき、**学識経験者等からも意見を聴く**ことができます。その意見聴取は、口頭でも書面でも行うことが可能です。学識経験を有する者には民間団体からの意見聴取も含まれると解されています（昭43.4.10自治行発第35号）。

ただし、関係人と同様に、監査委員からの意見聴取の求めに応じない場合、これを強制することはできません。

2 監査基準の策定・変更

監査委員は、監査等を実施する上での規範となるべき基本原則を定めた「**監査基準**」を策定し、変更する権限が与えられています。

【地方自治法】

〔監査基準の策定等及び指針〕

第198条の4　監査基準は、監査委員が定めるものとする。

②　前項の規定による監査基準の策定は、監査委員の合議によるものとする。

③　監査委員は、監査基準を定めたときは、直ちに、これを普通地方公共団体の議会、長、教育委員会、選挙管理委員会、人事委員会又は公平委員会、公安委員会、労働委員会、農業委員会その他法律に基づく委員会及び委員に通知するとともに、これを公表しなければならない。

④　前2項の規定は、監査基準の変更について準用する。

3　その他の権限

　監査委員は、その補助機関である職員を指揮監督する権能が与えられています（地方自治法第154条、第201条）。

　また、総務省が示した監査基準（案）の中に、監査委員の権限に関する規定が含まれています。自分たちのまちの監査基準には何が定められているかを確認しておきましょう。

（例）監査専門委員を選任し、必要な事項を調査する権限など

16 監査委員には、誰でもなれるのか？

1 監査委員に選任された人の職種

　地方自治法では、監査委員は、「人格が高潔で、普通地方公共団体の財務管理、事業の経営管理その他行政運営に関し優れた識見を有する者（略）及び議員のうちから、これを選任する」（第196条第1項）と定められています。したがって、誰でも監査委員になれるというわけではなく、地方自治体の業務や会計に精通している人が求められることになります。職種別に見ると、弁護士、公認会計士、税理士、元地方自治体職員、大学教授などが挙げられます。

　図表2-1は、監査委員の選任状況を示したものですが、全体で最も多いのは「他自治体OB、大学教授など」であり、全体の48％を占めています。次に多いのは「当該自治体OB」というところから、監査委員には地方自治体の業務に従事・精通した者が選任されるという傾向が見られます。

　また、都道府県においても、「他自治体OB、大学教授など」の割合が一番多く、指定都市では、「当該自治体OB」や「弁護士」の割合が多いという特徴が見られます。他方、その他の市町村においては「他自治体OB、大学教授など」が半数近くを占め、「弁護士」や「公認会計士」などの有資格者が少ない状況となっています。また、その中には、金融機関の元支店長などもおり、地方都市の実情が反映されてきます。

　監査委員は、常設の執行機関になりますが、監査委員自身は都道府県と政令で定める市（人口25万人以上）を除けば、ほとんどの委員が非常勤の職員になりますので、弁護士や公認会計士など有資格者の方々も、地方自治体の監査業務に従事しやすい環境にはなっています。

　しかしながら、監査委員は、常設の執行機関になり、監査委員事務局の職員に適時に指示をして監査事務を統括する役割を担っていますので、本

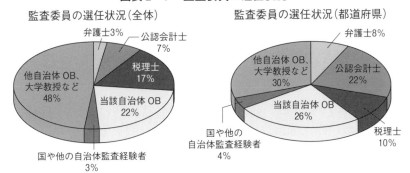

図表2−1　監査委員の選任状況

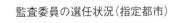

監査委員の選任状況（全体）

公認会計士 7%
弁護士3%
税理士 17%
他自治体OB、大学教授など 48%
当該自治体OB 22%
国や他の自治体監査経験者 3%

監査委員の選任状況（都道府県）

弁護士8%
公認会計士 22%
他自治体OB、大学教授など 30%
当該自治体OB 26%
国や他の自治体監査経験者 4%
税理士 10%

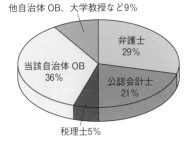

監査委員の選任状況（指定都市）

他自治体OB、大学教授など9%
弁護士 29%
当該自治体OB 36%
公認会計士 21%
税理士5%

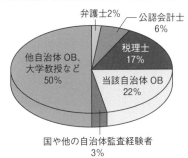

監査委員の選任状況（その他市町村）

弁護士2%
公認会計士 6%
税理士 17%
他自治体OB、大学教授など 50%
当該自治体OB 22%
国や他の自治体監査経験者 3%

【出所】総務省自治行政局行政課「監査制度総論」（研修資料）修正加筆（平成27年4月時点）

来ならば常勤の監査委員を置いた方がよいのですが、実際、弁護士や公認会計士、税理士などの資格を有する方々が常勤の監査委員になることが難しくなっています。

　また、地方自治体の監査は、民間企業の監査と違い、財務情報以外の範囲まで監査が及ぶ場合があります。そのため、監査人に求められる資質として、例えば、3E（経済性・効率性・有効性）監査を実施するのであれば、コンサルティング能力を持っていることが求められるという見解[1]もあります。

> **【地方自治法】**
>
> 〔選任〕
>
> **第196条（抄）** 監査委員は、普通地方公共団体の長が、議会の同意を得て、人格が高潔で、普通地方公共団体の財務管理、事業の経営管理その他行政運営に関し優れた識見を有する者（議員である者を除く。（略））及び議員のうちから、これを選任する。ただし、条例で議員のうちから監査委員を選任しないことができる。

2 兼職の禁止

　地方自治法では、監査委員が常勤の職員及び短時間勤務職員と兼ねることを禁止しています[2]。

　また、教育委員会の教育長及び委員についても、監査委員と兼務することはできませんが（地方教育行政の組織及び運営に関する法律第6条）、特別地方公共団体の一部事務組合及び広域連合の常勤の職員との兼務は認められています（地方自治法287条第2項、291条の4第4項）。

　その他にも、国会議員（衆議院議員・参議院議員）、検察官、警察官、検察官、収税官吏、公安委員会の委員も監査委員との兼職が認められていません。

> **【地方自治法】**
>
> 〔兼職の禁止〕
>
> **第196条（抄）**
>
> ③　監査委員は、地方公共団体の常勤の職員及び短時間勤務職員と兼ねることができない。

監査委員になったら注意すべきこと

1 兼業の禁止

　地方自治法では、当該地方自治体と請負関係にある者は、監査委員を兼ねることが認められていません。

　ここでいう「請負」とは、当事者の一方が仕事を完成し、その対価として報酬を支払うという民法上の請負のみならず、営業として、地方自治体に対して物件、労力などを供給することを目的としてなされる契約もすべて含むものと解され、広く業務として行われる経済的ないし営利的な取引契約をすべて含むと解されています（昭32.12.3最高判例）。

　監査委員ご自身の仕事が当該地方自治体の仕事に関わっているもの（請負）はないか、注意する必要があります。

【地方自治法】

（兼業禁止）

第180条の5　（抄）

⑥　普通地方公共団体の委員会の委員（教育委員会にあつては、教育長及び委員）又は委員は、当該普通地方公共団体に対しその職務に関し請負をする者及びその支配人又は主として同一の行為をする法人（当該普通地方公共団体が出資している法人で政令で定めるものを除く。）の無限責任社員、取締役、執行役若しくは監査役若しくはこれらに準ずべき者、支配人及び清算人たることができない。

---

2 親族の就職禁止

　地方自治体の長、副知事、副市町村長と一定の親族関係にある者は、監

査委員に就任することが禁止され、そのような関係が生じたときは失職してしまいます。

　地方自治法で定める「親子、夫婦又は兄弟姉妹」とは、民法上の「親子、夫婦又は兄弟姉妹」を意味し、「親子」には、養親と養子が含まれますが、継親子、姻族関係の親子（夫と妻の父母、妻と夫の父母）は含まれません。また、「兄弟姉妹」には、養子と養親の子は含まれますが、継子と継父または継母の子は含まれません。

　また、会計管理者と監査委員との間にも同様な関係が生じたときは、会計管理者はその職を失うことになりますので、注意しておく必要があります。

【地方自治法】

〔親族の就職禁止〕

第198条の2　普通地方公共団体の長又は副知事若しくは副市町村長と親子、夫婦又は兄弟姉妹の関係にある者は、監査委員となることができない。

②　監査委員は、前項に規定する関係が生じたときは、その職を失う。

3　服務

　監査委員は、その職務を遂行するにあたって、常に公正不偏の態度を保持すべきこと、職務上知り得た秘密を漏らしてはならないことになっています。

【地方自治法】

〔服務〕

第198条の3　監査委員は、その職務を遂行するに当たつては、法令に特別の定めがある場合を除くほか、監査基準（法令の規定により監査委員が行うこととされている監査、検査、審査その他の行為（以下この項において「監査等」という。）の適切かつ有効な実施を

図るための基準をいう。次条において同じ。）に従い、常に公正不
偏の態度を保持して、監査等をしなければならない。

② 監査委員は、職務上知り得た秘密を漏らしてはならない。その職
を退いた後も、同様とする。

4 除斥

　除斥とは、個々の具体的な事案を処理するにあたって、その事案につ
いて、身分上、職務上、その他特別の関係を有する者がいる場合に、その
者を職務の執行から排除することをいいます[3]。

　監査等を実施するにあたっては、公平性を期する必要があるために、監
査委員には除斥制度が設けられています。

　例えば、総務部長で退職し、その後監査委員となったときは、監査を実
施するにあたっては、当時総務部長として在任していた期間を対象とした
総務部の監査を執行する場合は、除斥しなくてはなりません。

　また、財団法人の監査を実施するにあたり、監査委員が当該財団法人の
監事を兼ねている場合も除斥が必要になります（昭38.11.20自治丁行発第
82号）。

　除斥に該当する監査委員が生じたときは、他の監査委員がその職務を行
うこととなります（監査委員の定数が2人の場合は、除斥されない監査委
員が1人で行うことになります（昭48.4.13自治行第50号））。

【地方自治法】

〔監査執行上の除斥〕

第199条の2　監査委員は、自己若しくは父母、祖父母、配偶者、子、
　孫若しくは兄弟姉妹の一身上に関する事件又は自己若しくはこれら
　の者の従事する業務に直接の利害関係のある事件については、監査
　することができない。

【注釈・参考】

1　石川恵子「地方自治体監査の考え方」『地方財務』2010年10月号、17頁参照。
2　監査委員は、地方自治体の常勤の職員との兼職を禁止されていますが、民生委員との兼職
　はできるとされています（昭32.4.17自丁行発第46号）。
3　『第7次改訂版　法令用語小辞典』学陽書房参照。

監査に従事する自治体職員

監査委員事務局とはどのようなところなのか?

1 他の部署とは少し違う雰囲気

　監査委員事務局に配属が決まってから「厳しくしないでね」という言葉を掛けられたことはありませんか?

　おそらく、ほとんどの人がそのようなニュアンスの言葉を誰かに言われているのではないかと思います。

　監査と呼ばれる仕事は、どちらかと言えば、周りの部署からは嫌がられる仕事で、良いイメージを抱く人はいないかもしれません。

　確かに、相手からすれば、重箱の隅をつつくような細かいことまで注意されたりして、気分の良いものではありませんので、仕方がないところはあります。

　同じ組織の自治体職員であるため、監査の相手は知人や友人が多く、かつてお世話になった上司や先輩などにも厳しい指摘をしなくてはいけないケースがあるかもしれないので、厳しいことは言わない方が得策であると考える人もいると思います。

そのため、「監査を行っていて問題を発見したが、相手に嫌がられるので黙っていた…」など、本当に大きな問題になるようなことを指摘できず、比較的どうでもよいようなチェックに走ることになってしまう人もいます。

　人事異動でたまたま監査委員事務局に配属されたけれど、数年もすれば、他の部署に異動するのだから穏便に過ごそう、などとは考えずに、己に与えられた責務を全うできるよう、凛と振る舞うことが監査では求められてきます。

　実際に、よいと思って頑張れば頑張るほど、相手には嫌がられてしまうことがあります。

　しかし、相手に嫌がられることは監査の「宿命」みたいなものであり、嫌がられても誰かがやらねばなりません。

　組織の不正を内部告発する者を指す言葉にホイッスルブロワー（whistle blower）という語がありますが、監査等を通して不適切な経理や隠ぺいなどの行為を発見してしまったときには、警笛を吹かなければならない使命感が求められてきます。

　譲れるところは譲り、譲れない部分は、相手に理解・納得してもらうことが重要になってきます。

2　監査委員の補助機関

　監査委員が地方自治体のすべての仕事をチェックすることは、人数からみても限界があり、その職務を全うするためには、監査委員を補助するような機関（組織）や、監査委員を補助する人が必要となってきます。そこで地方自治法では、都道府県の場合は「監査委員に事務局を置く」（第200条1項）、市町村の場合は「事務局を置くことができる」（第200条2項）と定め、また、事務局を置かない場合には「書記その他の職員を置く」（第200条4項）と規定するなど、監査委員を補助する役割を明文化しています。

　地方自治体の仕事には、福祉、保健、産業、環境、土木、教育などさまざまな種類の仕事がありますが、その中でも「監査」という業務は他のものとは一線を画すものということができます。

まず、指揮命令系統が地方自治体の長からではなく、法律上では**監査委員からの指揮を受ける**ことになっています。したがって、同じ役所の職員であるにもかかわらず、他の部署と連携して施策や事業に取り組むということもなく、逆に事務処理が適切に行われているかをチェックし、必要がある場合は改善や指摘、要望等を出したりすることになるので、かつての上司や先輩等との関係も崩れやすく、非常に仕事がやりにくい業務でもあります。

　また、監査に一生懸命に取り組み、改善すべき点をたくさん発見しても、相手には嫌がられることもあり、相手の感情を逆撫でしないような話し方、相手を納得させるコンサルティング的な能力も求められることから、ある意味では相当高度な仕事を任されていると思ってもよいのかもしれません。

3　幅広い知識が求められる部署

　さらに、地方自治法で定める監査の対象は、「普通地方公共団体の財務に関する事務の執行及び普通地方公共団体の経営に係る事業の管理」（第199条1項）となっており、監査のために要する基礎知識は、極めて広範であることがわかります。

　その主なものとして、次のようなものが挙げられます[1]。

---

①法令や例規等に関する知識

②財政に関する知識

③公会計に関する知識（簿記その他公営企業会計に関する知識）

④事務の流れ、契約手続に関する知識

⑤各個別の施策、業務内容に関する知識

⑥土木、建築等の技術に関する知識

⑦社会情勢及び経済情勢に関する知識

監査で求められる知識

　監査を行うに際して、基礎知識を備えておくことはとても重要ですが、その範囲はとても幅広く、膨大な量であるので、少しずつでもよいので、知識を一つひとつ増やしていく努力が必要になってきます。

1　法令や例規等に関する知識

　地方自治体の事務・事業は、ほとんどが法律、政令、省令、条例、規則、規程、要綱等に基づいて行われるため、これらの知識を知らなければ、適正に行われているかを監査することができなくなってしまいます。

　そういう意味では、どれだけ監査を実施する者が法令や例規の知識を持っているかはとても重要であり、知識がない者が監査をしたら、穴だらけの監査になってしまい、監査で不適切な事務を見落とすリスクは高まることになります。

　実際の監査等の中で、少しでも疑問に思ったことがあったら、本当に正しいのかを調べる習慣を身につけ、しっかり整理しておくことが知識を増やす第一歩に繋がります。

【参考】
○法律、政令、府省令など
　法令検索サイト「電子政府の総合窓口 e-Gov（イーガブ）法令検索」
　https://elaws.e-gov.go.jp/
○条例、規則、規程、要綱など
・各自治体の例規集サイト
・「全国地方自治体リンク47」第一法規株式会社
　https://www.daiichihoki.co.jp/jichi/47link/

---

2 財政に関する知識

　監査を行う上で、地方財政制度、収入及び支出の意義やルールに通暁していることが求められますが、これらの知識は「法令や例規に関する知識の財政部分」に関係するものですので、法令や例規に関する知識の一部に含めてもよいかもしれません。

　そういう意味では、ここでいう財政に関する知識とは、監査の対象となる地方自治体の財政状況や財政構造をしっかり理解し、把握しておくことが求められてきます。

　自分たちのまちでは、どのくらいの自主財源があるのか、国や県に依存している財源はどのくらいあるのか、歳出の主なもの、歳入の主なものは何なのかなど、毎会計年度の予算や決算をしっかりチェックし、前年度比較、他自治体比較などして、理解を深めておくとよりよいでしょう。

3 公会計に関する知識（簿記その他公営企業会計に関する知識）

　地方自治体の中には、水道、下水道、病院などの事業に地方公営企業法の規定を適用し、事業経営しているところがあると思いますが、そういった地方自治体においては、簿記その他企業会計の原則に関する知識も重要になってきます。

　また、2014年（平成26年）5月に総務大臣が「今後の地方公会計の整備促進について」を通知し、2015年（平成27年）1月に「統一的な基準による地方公会計マニュアル」が公表され、2015年度から2017年（平成29年）度までの3年間ですべての地方公共団体に統一的な基準による財務書類等を作成するよう要請がなされました。

　現在の法制度では、財務諸表については監査等の対象として義務づけられていませんが、決算審査と一緒に財務諸表の審査を行うことができれば、決算書ではわからないストック情報に関する新たな財政分析が可能となってきます。

　財務諸表に対して十分批判することができるだけの知識を身につけていきたいものです。

4　事務の流れや契約手続に関する知識

　地方自治体内部の事務の流れや契約手続は、細かい部分で必ずしも全国共通というものでもなく、例えば、旅費、消耗品費、委託料、修繕料、工事請負費、補助金など予算の執行科目によって事務の手続や流れに違いがありますので、所属する地方自治体ではどうなっているのかを会計規則などで調べ、必要に応じて他の地方自治体と比較して、改善すべき点などがないかを研究しておくことも大切です。

　契約の手続は、地方自治法、地方自治法施行令の規定を基本にして、各地方自治体の契約規則や財務規則等に従って行われています。これらの内容を確認するとともに、随意契約のガイドラインやプロポーザル方式の実施要綱など、契約に関する手引書があれば、入手しておくようにしましょう。また、契約手続における決裁権者も誰になっているのかを事務決裁規程や専決代決規程でチェックすることが大切です。

5　各個別の施策、業務内容に関する知識

　まちの将来ビジョンを描いた総合計画（基本構想・基本計画）の内容をチェックし、どのような施策や事業が計画に掲げられているかを確認するとともに、各部署で作成している個別の施策や事業の情報が入った年報や予算書・決算書を収集しておくことが、業務内容を知る上で必要になってきます。また、行政評価を実施している地方自治体であれば、施策評価シートや事務事業評価シートなどもあれば入手し目を通しましょう。各施策や事務事業が抱える課題や現状について把握するのに役立ちます。

　また、各個別の施策や業務内容の理解を深めるため、その根幹となる制度の仕組みを調べることは大切であり、必要であれば、関連する書籍を読むなどして、知識を積み重ねる努力が必要です。

事務局職員が心掛けること

1 「虫の目」「鳥の目」「魚の目」の複眼的な目を養う

　監査等を行う上では、次の３つの視点を意識していくことが重要になります。

　虫の目（細部まできちんと目を通し、深く見抜く視力）
　鳥の目（高い見地から俯瞰し、物事を全体から見る視野の広さ）
　魚の目（時の流れの中で物事を捉える着眼力）

　虫の目とは、一つの物事を虫のように小さな視点から、細かいところまでよく観察することを意味しています。

　「重箱の隅をつつく」とか「粗を探す」ということではありませんが、監査等を行う上で、細かい部分まで書類等に目を通し、確認することが必要です。

　鳥の目とは、鳥が高い空の上から大地を見渡すところから、大局的に物事を捉えることを意味しています。

　当たり前と思っていたことが、他の地方自治体と比較したら、効率の悪いやり方で行われていたとか、誤った手続でずっと行われていたなど、何らかの気づきがあるかもしれません。

　他自治体とのベンチマーキング比較を行うと、経済性・効率性・有効性の３つの視点に関わる課題が発見しやすいので、広い見地から調べることを意識することは大切です。

　魚の目とは、魚が海や川の流れのある中で生きていることから、過去から現在、現在から未来といった時間の流れの中で、変化の兆し、トレンド、因果などを見ることをいいます。

「これまではどうであったのか？」、「これから先はどうなっていくのか？」という視点は、事業の効果等の検証にも繋がり、有効性を評価する上でも重要な視点になります。世の中の流れや今後の動きについて注視し、時代を読み解いていくことが重要です。

2　「事実」を追求し、「事実」に基づいた対応を行う

　監査等を行っていたら、重大な事実を発見するということがあります。

　もし、そのような事実を発見したとき、穏便に済ませようと、事実を揉み消したり、軽微なものと判断したりするなど、全く記録（事実）を残さないということはあってはなりません。

　もちろん、良くない事実を発見しても見なかったことにする行為も同様です。

　監査委員事務局の職員は、同じ組織の職員を相手にすることから、基本的には嫌われたくないという意識が強く、監査委員事務局に所属している期間も一時的であるので、見逃してやろうという考えが働くこともあります。

　監査は誰のために行っているのか。監査の役割とは何なのか。監査は、地方自治体の長や職員のためにあるのではなく、住民のためにあることをいま一度、再確認し、事実に基づく助言、事実に基づく保証を行うことが重要です。

3　対症療法ではなく、根本治療を目指す

　監査等を行っていると、毎年、同じ注意や指摘が繰り返されるということがあります。

　なぜ、そのようなことが起きてしまうのでしょうか。

　長い間にルールが空洞化してしまったという場合もありますし、内部統制が働いていないということもあるでしょう。

　監査等で不適切な事例を発見し、注意を促しても、その結果を生み出している原因を特定し、その改善が図られなければ、再び不適切な事例は発生してしまいます。

問題を解決するためには、不適切な事例が発見された部署だけへの注意では難しいこともあります。契約業務に関する不適切な事例であれば、全庁的に契約業務の司令塔的な役割を果たす部署（契約課など）に対して、問題解決のための検討を促す指摘を行うことも必要です。

　不適切な事例を起こさせないような仕組みを整備させる内部統制面からの指摘が、行政への信頼性を高めることに繋がるのではないでしょうか。

4　「事前準備」の精度を上げる

　監査等を実施する前に、どのようなところに重点を置いて行うのか、またどのような証拠書類を入手して確認すればよいかを特定しておくことはとても重要になります。そこで、事前に打合せすることをおすすめします。

　この本を読んでいる皆さんの中には、

「特に打合せする内容がない」

「打合せをしなくても監査はできる」

「打合せをしたくても人数がいない」

「他課の業務と兼務していて忙しい」

など、監査の前に打合せは必要なのかと思う人もいるかもしれません。

　しかし、実際に、監査等の着眼点や重点監査項目を設定しておかないと、あれもこれもという監査等になってしまい、重大な不適切事例を見落としてしまうケースもあります。

　また、入手すべき証拠書類を監査等の前に決定しておかないと、監査等を実施しながら必要な証拠書類を考えなくてはならず、とても非効率であり、また後で証拠書類を取り寄せて確認しなければならないことになってしまう場合もあります。

　それを未然に防止するためにも、事前準備は大切です。

　事前準備がしっかりできていれば、監査の質を高めることにも繋がりますので、厳しい環境に置かれていたとしても心掛けるようにしましょう。

5　情報をブラックボックス化しない

　監査の中で不適切な事務処理を発見した場合、あなたの地方自治体では

どうしていますか？

　監査の相手に誤り等があったことを伝え、簡単に注意するだけで済ます地方自治体もあれば、どんな些細なものでも報告書に記載し、しっかり公表する地方自治体もありますし、また、軽微なものは報告書に記載せず、具体的な指摘内容が不明な地方自治体もあるなど、処理の仕方は地方自治体によってバラバラというのが今の地方自治体における監査の実状です。

　監査基準が策定されたからといって、すべての地方自治体が同じ基準で指摘事項や公表事項を定めているわけではなく、監査の標準化に向けての道のりは、まだまだ長いという感じがあります。

　しかし、どのような些細なことでも地方自治体の長の耳には入れておくようにすることは大切です。

　組織のトップには、あまり良くない情報などが流れないということはよくある話であり、トップが裸の王様のような状況になっていることも無きにしも非ずということがあります。

　監査に従事する者には、**事実を伝える義務**があり、厳正な対応が求められていることを忘れないように、心のノートに書き留めておくことが重要です。

6　コンサルティング能力を磨く

　自治体監査には、内部監査の要素が含まれることを前述（第1章）しましたが、内部監査とは、内部監査の国際的機関であるIIA（The Institute of Internal Auditors）の「内部監査の専門職的実施の国際フレームワーク（The International Professional Practices Framework）」によれば、「**組織体の運営に関し価値を付加し、また改善のために行われる、独立にして、客観的なアシュアランスおよびコンサルティング活動**」と定義されています[2]。

　ここで注目すべき点は、内部監査には、法令や基準等に則って適正に行われているかを保証する「**アシュアランス機能**」と、組織の運営に関し改善を助言する「**コンサルティング機能**」があるということです。

　現在の自治体監査が保証的な機能を果たしているかということについて

は議論[3]がありますが、コンサルティング的な監査が実践されるようになれば、業務の改善に役立てられることが期待されます。

それでは、具体的にコンサルティング的な監査を実施するためにはどのような点に着目したらよいか、次のようなものが考えられます。

・監査の相手を納得させられるようなデータ（事実）の提示ができるか。
・担当部署が把握できていないデータを示すことができるか。
・担当部署が求める期待値を超えるものを示すことができるか。

7　業務に潜在するリスクを探る

公金横領などの不正事例を分析してみると、事務が適正かつ適切に行われているかをチェックする仕組みがなかったり、ミスや不正をしても気づかれない状況があったりすることが原因としてよく挙げられます。不正等については、ある一定の条件が揃うと、不正が起きやすいリスクが高まるともいわれています[4]。

これらのリスクを防止するために、内部統制という制度が地方自治法で定められていますが、具体的に義務づけられているのは都道府県と指定都市のみです。

地方自治法による内部統制が義務づけられていない自治体では、特段、業務上のリスクや手順を可視化し、不正等の危険を予防・統制する仕組みが整備されていないことが考えられますので、監査の機能していない自治体はリスクが高まることになり、監査の果たす役割はとても重要なものになってきます。

そのようなときに監査で求められるのが「**業務に潜在するリスク**」を見つけることができるかということです。監査の品質が向上し、監査で不正等のリスクを事前に防止するということが可能という地方自治体が増えてくれば、自治体監査に対する見方や位置づけも変わってくる可能性があります。

また、日常の業務の中には、もしかすると手続が間違っているものがあったり、非効率な方法で行われていたりするものがあるかもしれません。前任者からそのまま引き継いだため、間違いであることに気づかない、知

らなかったというケースはよくあります。

　そのまま気がつかずに行った結果、大きな問題に発展してしまったということもありますので、もし、改善の余地があるようなことや、おかしいと思ったことを発見したときは、遠慮なく伝えて、相手に気づきを与え、その**リスクを摘み取る**ことも監査では重要です。

8　根本となる原因を摘み取る

　監査を行うにあたり、何か誤りはないか、現金の着服がないかなど、不正の摘発を目的に監査することは良くありません。

　民間の監査の世界では、日本や米国、国際監査基準のすべてにおいて、公認会計士に対して、監査の品質を保持するために「**職業専門家としての懐疑心**」を保持しながら監査を実施することが求められています。

　しかし、監査には、保証的役割だけでなく、指導的役割があるように、どこかに不適切な事務処理があるのではないかという「問題」を探すことを主眼にするのではなく、どうしてそのような問題が発生してしまったのかという「原因」を探すことの方がとても大切です。

　監査の過程で不適切な事務処理を発見することがあったら、それはあくまで副次的な産物であると受け止めることが大事であり、不適切な事務処理が二度と行われないよう、根本となる原因の改善策を提示することが監査には求められます。

監査で求められる職員像

1 「凛」と振る舞える人材

　監査等を行う相手は、同じ自治体組織に属する仲間のようなところがあるので、厳しい指摘をしにくい環境下にあります。特に地方自治体の内部に属していると、コミュニケーションや協調性など人間関係を重要視するところがありますので、相手の機嫌を損ねるような言動は控えたくなります。

　しかし、監査の世界では、相手の嫌がる部分に踏み込んでいかないと事実を解明できないところがあるため、厳しい対応が求められる事態がどうしても生じてきます。

　また、時には、自分自身より職制が高い部長や課長などに相対することもありますので、折衝調整力を伴うことも求められてきます。

　そういう意味では、本当に大変な仕事ですが、譲れないところは譲らない精神が監査では大変重要になってきます。

　地方自治体の監査は、監査に従事する者に当該地方自治体の職員が含まれることから、職業面からの独立性を確保できていませんが、監査委員事務局の職員には精神面からの独立性が求められます。

　監査の過程の中で、相手を怒らせたりすることもあるかもしれません。

　しかし、相手がどんなに感情的になっても、決してこちらは感情的にならず、冷静かつ毅然と対応できる、「凛」とした振る舞いが監査では求められます。

2 幅広い知識を有した人材

　地方自治体の政策に税金がどのように使われ、適切に業務が行われているかを検証する地方自治体監査は、大変重要な役割を果たす仕事ではあり

ますが、監査委員の補助及び被監査部門と同等以上の知識やスキルを求められる人材を監査委員事務局で確保するのは、大変難しいことです。

人事政策の一環としてローテーション人事が行われているので、監査委員事務局の在籍年数も平均2～3年というデータがあります。監査業務に慣れてきて、知識等が身につき始めた頃には他部署へ異動し、また新たな新人が配置されるということでは、監査の専門性を確保することはできません。

そのような中で、多くの地方自治体が人材育成基本方針[5]を策定し、その中で「目指すべき職員像」を掲げていますが、果たして、監査で求められる職員像と一致するのでしょうか？

実務に長年携わってきた私自身の経験から申しますと、地方自治体の職員には、時代に相応した施策・事業を企画・立案し、業務を的確に遂行できるフィールドプレイヤー的な役割が強く求められるのに対して、監査に従事する職員には、フィールドプレイヤーがルールをしっかり守っているのかを審判するレフェリーのような役割が求められてきます。

フィールドプレイヤーとレフェリーとでは、求められる能力やスキルが異なるように、地方自治体が求める職員像と、監査で求められる人物像は異なるのではないかと考えます。

地方自治体の人材育成基本方針については、総務省が通知した文書[6]がきっかけとなっていますが、その中で、人材育成基本方針の策定にあたっては、「議会事務局、監査委員事務局、人事委員会事務局等の職員については、その職務の拡大等に伴い専門的能力の育成強化が求められているが、こうした職員に対する研修機会の拡大、研修内容の充実、共同研修の実施、相互の人事交流の促進等について検討すること」と示されています。

これを受け、地方自治体の中には、監査委員事務局に所属する職員の人材育成基本方針を作成しているところもありますが、監査委員事務局としての組織ビジョンに基づく職員像を明確にし、どのような人材を求めているのかを人事当局と調整し、配置してもらえるようにしないと、監査の実施体制の強化・充実は一向に図られないと考えます。

前述したように監査で求められる知識は幅広く、膨大であるため、1人

の職員がすべてを有するのは難しいところもあります。

　したがって、監査委員事務局に配属してもらいたい職員のうち1人は財政部門の経験者、また、その他には、法規部門の経験者、契約部門の経験者、会計部門の経験者…など、監査委員事務局の定数に応じて個々の専門性を有する人材をバランス良く配置してもらえるように人事当局と折衝し、限られた少ない人数の中でもお互いをカバーし合い、お互いの強みを活かした監査委員事務局体制を構築していくことが重要です。

3　改善意識の高い人材

　改善意識について明確な定義はありませんが、ここでいう改善意識の高い人材とは、今の状態に満足せずに、常に問題意識を持ちながら、より良い方法等を探ろうという高い志を持った人を指します。

　実際に、そのような人材が監査を実施してみると、今までにはない視点や発想で新たな問題を発見したりして、たくさんの改善事項が生まれることがあります。前例に捉われることなく、どこかに改善する余地がないかという潜在意識がそのような結果を生み出すのではないかと思います。

　監査の世界では、プロの監査人には「**職業的懐疑心**」を保持して監査にあたることが求められます[7]。職業的懐疑心とは、監査で入手した証拠を鵜呑みにせず、証拠と説明との間に矛盾点がないかなど批判的に検証する姿勢をいい、常に問題がないか疑問を持ちながら、改善すべき点を追求するという点で改善意識と共通する部分があります。

　監査では、適正であるかどうかどうかを保証する役割だけでなく、改善に資する助言や指導する役割も求められるので、改善意識の高い人が監査委員事務局に配属されると、監査のやり方も含めて大きな効果が期待できます。

【注釈・参考】

1　井上鼎『地方自治監査規範 新訂』良書普及会、203〜210頁参照。井上氏は、その他に「予算その他議決事項に関する知識」、「監査例に関する知識」などの知識も必要であると述べています。監査例に関する知識とは、監査委員が過去において監査、審査、検査をした報告実例を指し、監査の重点を決定する上で特に必要としています。毎回、繰り返されるような違法不当事項は、また本年においても行われるであろうことが予想されるからとし、偶発的なものとは異なり、どうしたら根絶することができるか、根本的な検討を加えなければならないと指摘しています。

2　一般社団法人日本内部監査協会『専門職的実施の国際フレームワーク』(2011年)、24頁参照。

3　石原俊彦『VFM監査』関西学院大学出版会 (2021年) 1〜8頁参照。「監査の本質はあくまで保証ではあるが、問題点等を指摘し、その改善等を促すことも、監査に期待されているもう一つの役割である」と述べられています。

4　事務が適正かつ適切に行われているかをチェックする仕組みがないと、ミスや不正をしても気づかれないので、さらに悪いことに手を染めてしまう可能性が強まるということで、米国のドナルド・R・クレッシー (Donald Ray Cressey) は、「動機」「機会」「正当性」の3つの条件が揃うと、不正が発生するという**「不正のトライアングル」**という理論を提唱しています。

5　ここでいう人材育成とはあくまで各職場の業務内容で求められる人材ではなく、どの職場にも共通する組織横断的に求められる自治体職員としての土台ともいうべき能力や知識にあたります。

6　平成9年に、総務省が「地方自治・新時代に対応した地方公共団体の行政改革推進のための指針」(平成9年11月14日付け自治整第23号) を通知し、人材育成の目的、方策等を明確にした人材育成に関する基本方針 (人材育成基本方針) を各地方自治体に策定することを求めています。その目的としては、地方自治・新時代に的確に対応していくためには、自らの責任において、社会経済情勢の変化に柔軟かつ弾力的に対応できるよう体質を強化することが重要であり、そのためには、職員の資質のより一層の向上を図り、その有している可能性・能力を最大限引き出していくことが必要とされるからとしています。

　　そこで、地方自治体の人材育成基本方針には、長期的かつ総合的な観点で職員の能力開発を効果的に推進するため、策定にあたり、「総括的な留意事項」及び「個別の留意・検討事項」を示し、この表の中で監査委員事務局の職員について記しています。

7　公認会計士 (監査法人を含む) による財務諸表の監査になりますが、その規範となる「監査基準」の2002年 (平成14年) の改定の前文において、監査人が職業的専門家としての正当な注意を払う中で、監査という業務の性格上、監査計画の策定から、その実施、監査証拠の評価、意見の形成に至るまで、財務諸表に重要な虚偽の表示が存在するおそれに常に注意を払うことを求める観点から、職業的懐疑心を保持すべきことを強調しています。米国の監査基準に導入されている**専門職業的懐疑主義** (professional skepticism) がわが国にも導入されたとされています。

第4章

監査の実務手続

監査基準 —監査の均一化—

　監査基準とは、監査を行うに際して監査人が遵守すべき規範であり[1]、監査を行うにあたって必要な基本原則を定めたものです。地方自治法では「法令の規定により監査委員が行うこととされている監査、検査、審査その他の行為（略）の適切かつ有効な実施を図るための基準」（第198条の3）と規定しています。

　第31次地方制度調査会の「人口減少社会に的確に対応する地方行政体制及びガバナンスのあり方に関する答申」（2016年（平成28年）3月16日）において、「現行の監査制度においては、監査の目的や方法論等の共通認識が確立されておらず、監査基準に関する規定が法令上ないことから、**それぞれ独自の監査基準によって、あるいは監査委員の裁量によって監査を行っていることにより、判断基準や職務上の義務の範囲が不明確となっている**。このため、監査を受ける者にとっては、監査結果についてどのように受け止めるべきかが明確ではなく、監査の成果を十分に生かせておらず、住民から見ても分かりにくい状態になっている。こうしたことを踏まえると、一般に公正妥当と認められるものとして、監査を実施するに当たっての基本原則や実施手順等について、**地方公共団体に共通する規範として、統一的な基準を策定する必要がある**」という答申がなされ、この答申を踏まえて、2017年（平成29年）に地方自治法が以下のように改正され、地方自治体の監査において「**監査基準**」を策定することが明文化されるようになりました。

【地方自治法】

第198条の4　監査基準は、監査委員が定めるものとする。

②　前項の規定による監査基準の策定は、監査委員の合議によるもの

とする。

③　監査委員は、監査基準を定めたときは、直ちに、これを普通地方
　　公共団体の議会、長、教育委員会、選挙管理委員会、人事委員会又
　　は公平委員会、公安委員会、労働委員会、農業委員会その他法律に
　　基づく委員会及び委員に通知するとともに、これを公表しなければ
　　ならない。

④　前2項の規定は、監査基準の変更について準用する。

⑤　総務大臣は、普通地方公共団体に対し、監査基準の策定又は変更
　　について、指針を示すとともに、必要な助言を行うものとする。

　各地方自治体が監査基準を策定するにあたっては、監査の質を高めるため、総務大臣が監査に関する統一的な考え方としての指針を示し、必要な助言を行う（第198条の4第5項）ということで、「監査基準（案）」と「実施要領」が示されています。

　監査基準（案）は、監査の手順マニュアルではなく、監査等を行うにあたっての必要な基本原則を定めたものになりますので、本監査基準（案）に規定がない事項や言葉の表現について、各地方自治体の監査委員の判断で加えていくことは何ら問題ないとされています[2]。

　例えば、「経済性」「効率性」「有効性」という言葉で規定することや「守秘義務」について加えていくということです。

　しかしながら、内部統制制度の構築が義務づけられていない市町村が**「内部統制に依拠した監査等」**（第9条）を監査基準に盛り込まなくてもよいのかについては、監査委員の判断で除外すべきではないとされています。その理由として、各自治体にはすでに一定の内部統制が存在しているため、内部統制に依拠した監査等により、より本質的な監査実務に人的及び時間的資源を重点的に振り向けていくことは、すべての地方自治体にとって必要な考え方というのがあるからです。

　そういう意味では、監査基準（案）とは、**最低限遵守すべき規範**ということができます。

　総務省の監査基準（案）は、一般基準、実施基準、報告基準の3つの章

【総務省：監査基準（案）】

> **第1章　一般基準**
>
> 　第1条　監査委員が行うこととされている監査、検査、審査その他
> 　　の行為の目的
>
> 　第2条　監査等の範囲及び目的
>
> 　第3条　倫理規範
>
> 　第4条　独立性、公正不偏の態度及び正当な注意
>
> 　第5条　専門性
>
> 　第6条　質の管理
>
> **第2章　実施基準**
>
> 　第7条　監査計画
>
> 　第8条　リスクの識別と対応
>
> 　第9条　内部統制に依拠した監査等
>
> 　第10条　監査等の実施手続
>
> 　第11条　監査等の証拠入手
>
> 　第12条　各種の監査等の有機的な連携及び調整
>
> 　第13条　監査専門委員、外部監査人等との連携
>
> **第3章　報告基準**
>
> 　第14条　監査等の結果に関する報告等の作成及び提出
>
> 　第15条　監査等の結果に関する報告等への記載事項
>
> 　第16条　合議
>
> 　第17条　公表
>
> 　第18条　措置状況の公表等

で構成され、民間の財務諸表監査で適用されている一般的な監査基準に近い内容になっています。

　監査基準については、かつて都道府県では全都道府県監査委員協議会連合会が「都道府県監査委員監査基準」を策定しましたが、ほとんどの都道府県が独自の監査基準を作成していたり、町村においては、全国町村監査

委員協議会が「標準町村監査基準」を策定しましたが、町村の約55%が監査基準自体を策定していなかったりするという状況でした[3]。

　市については、全国都市監査委員会が「都市監査基準準則」を策定していましたが、総務省の監査基準（案）に先立ち、かつて策定した「都市監査基準準則」を2015年（平成27年）に改正し、「都市監査基準」を策定しています。市の中には総務省の「監査基準（案）」ではなく、全国都市監査委員会の「都市監査基準」を参考に監査基準を策定しているところもみられます。

　また、監査基準を策定していない地方自治体では、監査委員の判断、都市監査基準準則または標準町村監査基準などを参考にして監査を行っていたとあります[3]。

　また、監査基準は、監査委員自身が策定することとされているため、監査基準で不可欠の要素とする、いわゆる「一般承認性」を欠くこととなるとの指摘があります[4]。

23

監査実務の中で思わず悩んでしまう事例

　監査実務の中で、どのように取り扱ったらよいか少し悩んでしまうような事例を、参考までに一部紹介します。

国庫補助金の監査	農林水産業施設災害復旧事業国庫補助金に関する補助金の交付事務は、農林水産業施設災害復旧事業費国庫補助の暫定措置に関する法律施行令第6条の規定により団体に委任されたものと解され、歳入歳出予算に通じて監査することは差し支えないものと解するとしています。（昭26.11.15地自行発第386号）
条例に関する監査	条例そのものの監査はできないとされています。（昭26.9.21地自行発第284号）
交際費の監査	交際費の支出については、地方自治法第199条第1項の規定による監査で、交際費の内容まで監査することは、経費の性質に鑑み適当でないが、収支の経理手続についてこれを行うことは差し支えないとされています。（昭31.10.22自丁行発第100号）
財産区の監査	財産区の財産の管理状況については、その財産区所在の市町村又は特別区の監査委員が監査を行うことになっていますが（昭27.11.4自行行発第103号）、財産区については地方自治法第296条の6の規定により、都道府県知事に監査権が付与されています。
他の地方自治体に委託した事務の監査	特定の事務を他の地方自治体に委託した場合（地方自治法252条の14）は、当該事務は委託をした地方自治体の事務ではないため、委託をした地方自治体の事務としての監査の対象とはなりません。

事務処理特例による事務の監査	条例による事務処理の特例により市町村が処理することとされた事務は、都道府県の監査委員の監査の対象とはなりません。
財政援助に係る監査の範囲	市立学校のPTA、学校後援会などの経理につき、補助金その他の財政的援助がある場合は、財政援助団体等監査はできますが、他の監査の場合はできないとされています（昭28.4.24自行行発第106号）。
一部事務組合の監査	一部事務組合を組織する市町村の監査委員が地方自治法第199条第7項の規定により同組合の処理する事務を監査することはできません。組合規約により監査委員を置き、監査させるべきとされています（昭27.6.10地自行発第156号）。

監査業務の１年と具体的な監査の流れ

　一般的な監査の流れを示したものが**図表４−１**になります。

　こうした監査業務が１年間を通して、どのようなスケジュールで監査等が実施されているのかを示したものが**図表４−２〜図表４−５**になります。ここで示すものは、あくまで一例であり、各々の地方自治体の監査方針の違いにより、その内容は大きく異なります。

　地方自治体の中には、毎月、違う部署を対象に定期監査を実施している地方自治体も見られます。

　また、**図表４−４と図表４−５**のように、年度をまたいで監査のスケジュールを設定することで、年度途中の期中監査だけでなく、年度末までの執行状況等をチェックする期末監査を可能としている地方自治体もあります。

図表 4-1　監査の流れ

段階	フロー	説明
計画	監査計画の作成	単なる年間スケジュールを記した計画書ではなく、監査の着眼点や重点監査項目など具体的な実施方針も含んだ監査計画を作成します。
実施	監査実施の通知・資料作成依頼	監査の対象となる関係部署に監査の実施を通知するとともに、監査資料の作成を依頼します。
	事前監査（予備監査）の実施	監査委員事務局の職員による書面監査、実地監査を実施します。事前に試査の範囲や資料等を入手しておきます。
	本監査の実施	監査委員による書面監査、実地監査を実施します。監査委員事務局職員は、事前監査（予備監査）の結果を報告するなど監査委員の補助を行います。
	担当部署に指摘事項等の提示 講評・意見調整	監査委員からの指摘事項や注意事項等を担当部署に伝え、意見調整を行うなど、弁明の機会を与えます。
	監査報告書案の作成	
	監査委員審議	監査委員事務局で作成した報告書案について監査委員と審議し、まとめます。
決定	監査結果の決定・報告	監査報告書を地方自治体の議会、長、関係のある執行機関に報告します。
公表	監査結果の公表	監査結果をウェブサイトや掲示板等に公表します。
改善措置	改善措置を求める通知	勧告や改善等の措置を求める事例があった場合は、地方自治体の長等に措置結果を求めます。
	措置状況の受領・公表	

図表 4 - 2　監査委員事務局の年間スケジュール①（人口15万人以上の市の一例）

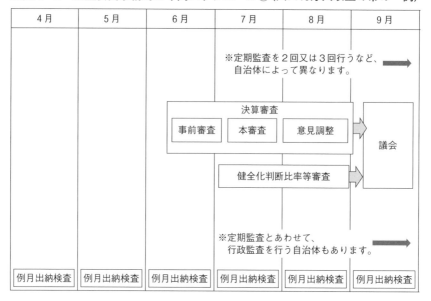

図表 4 - 3　監査委員事務局の年間スケジュール②（人口10万人未満の市の一例）

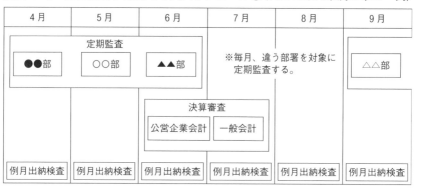

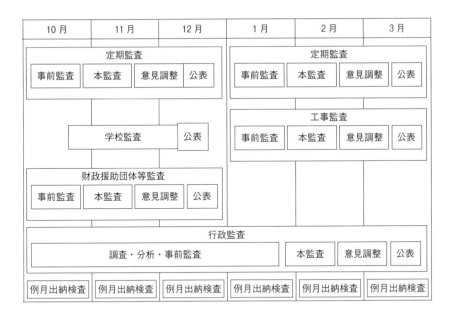

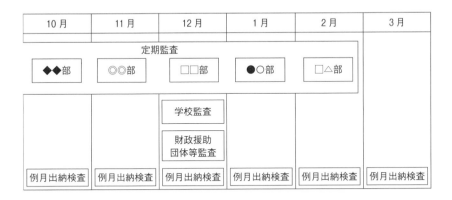

図表4-4　監査委員事務局の年間スケジュール③（都道府県の一例）

1月	2月	3月	4月	5月	6月	7月
定期監査（財務監査）						
定期監査（工事監						
					決算審査	
						健全化判断
例月出納検査	例月出納検査	例月出納検査	例月出納検査	例月出納検査	例月出納検査	例月出納検査

図表4-5　監査委員事務局の年間スケジュール④（指定都市の一例）

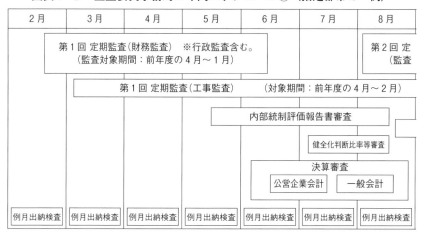

2月	3月	4月	5月	6月	7月	8月
	第1回 定期監査（財務監査）　※行政監査含む。 （監査対象期間：前年度の4月〜1月）					第2回 定 （監査
	第1回 定期監査（工事監査）　　（対象期間：前年度の4月〜2月）					
				内部統制評価報告書審査		
					健全化判断比率等審査	
				決算審査		
				公営企業会計	一般会計	
例月出納検査	例月出納検査	例月出納検査	例月出納検査	例月出納検査	例月出納検査	例月出納検査

8月	9月	10月	11月	12月	1月	2月
	財政援助団体等監査					
	行政監査					
査)						
比率等審査						
例月出納検査	例月出納検査	例月出納検査	例月出納検査	例月出納検査	例月出納検査	例月出納検査

9月	10月	11月	12月	1月	2月	3月
期監査(財務監査) ※行政監査含む。対象期間：前年度の4月～3月)			第3回 定期監査(財務監査) ※行政監査含む。（監査対象期間：当年度の4月～10月)			
	第2回 定期監査(工事監査) （対象期間：前年度の4月～3月)					
財政援助団体等監査			財政援助団体等監査			
例月出納検査	例月出納検査	例月出納検査	例月出納検査	例月出納検査	例月出納検査	例月出納検査

25

監査計画のつくり方

　監査計画については、総務省の監査基準（案）で「監査計画には監査等の種類、対象、時期、実施体制等を定めるものとする」（第7条）と定められているように、当該年度において実施する予定の各種監査、検査、審査を、いつ、どこで、どのような方針・方法等で行うのかを具体的に定めたものであり、監査委員が監査を実施し、その結果を表明するにあたって、**必要な証拠を入手するための計画**が記載されたものになります。

　監査を行う相手方にあらかじめ監査の実施がいつなのかを伝達しておく役割もありますが、限られた人数で膨大な監査対象を相手に合理的に監査を実施するために、**所定の時間内で必要な監査手続の脱漏を防止する役割**もあります。

　それゆえに、監査計画は単なる監査のスケジュールを記した予定計画書という性質のものではありません。

　また、監査計画については、かつて都市監査基準準則に明記されていたこともあり[5]、「年間監査計画」と個別の監査等に関する「実施計画」の2つに分けられてきました。一方、総務省の監査基準（案）では、「監査計画」という言葉で統一されていたため、総務省の監査基準（案）を参考にして監査基準を策定した自治体と、全国都市監査委員会で改定された都市監査基準を参考に監査基準を策定した自治体との間に、監査計画に関する規定に乖離があるのが確認でき、監査の実施手続の統一化という点で課題があります。

　そのような状況ではありますが、監査計画を策定する際には、定期監査、決算審査、例月出納検査などの各種の監査等をいかに有機的に結び付け、全体として連携の取れた効率的な監査が実現できないかを留意しておくことが重要です。

図表 4 - 6　監査計画の策定

監査基準（案）（第 7 条）	都市監査基準（第13条）
【監査計画】 1　監査委員は、監査等を効率的かつ効果的に実施することができるよう、リスク（組織目的の達成を阻害する要因をいう。以下同じ。）の内容及び程度、過去の監査結果、監査結果の措置状況、監査資源等を総合的に勘案し、監査計画を策定するものとする。監査計画には、監査等の種類、対象、時期、実施体制等を定めるものとする。	【年間監査計画】 3　監査委員は、年間監査計画の策定に当たり、リスクの内容及び程度、過去の監査結果、過去の監査の結果に対する措置の状況、監査資源等を総合的に勘案した上で、次に掲げる事項を定めるものとする。 (1)　実施予定の監査等の種類及び対象 (2)　監査等の対象別実施予定時期 (3)　監査等の実施体制 (4)　その他必要と認める事項 【実施計画】 4　監査委員は、実施計画の策定に当たり、必要に応じて監査等の対象に係るリスクの内容及び程度を検討した上で、その程度に応じて体系的に次に掲げる事項を定めるものとする。 (1)　監査等の種類 (2)　監査等の対象 (3)　監査等の着眼点 (4)　監査等の主な実施手続 (5)　監査等の実施場所及び日程 (6)　監査等の担当者及び事務分担 (7)　その他監査等の実施上必要と認める事項

　例えば、定期監査の結果は決算審査に必然的に関連してきますので、事務手続の適否は定期監査で実施し、決算審査では年度末における予算の浪費や決算数値の確認、年度間比較、増減理由など、決算審査でないと実施できないものに特化することで効率的な審査にすることもできます。また、個々の出納手続は例月出納検査に譲り、定期監査では予算の執行の経済性や効率性、有効性に重点を置く方法も考えられます。

限られた人数と時間の中で、監査を効果的に実施するには、行き当たりばったりの監査にならないように、事前に計画を策定し、より効率的な監査が実施できるようにすることが大切です。

　そして、監査計画を策定する際に留意しなければならない点として、「**リスクの内容及び程度**」を勘案・検討することが求められています。

　ここでいう「リスク」とは、「**組織目標の達成を阻害する要因**」と定義され[6]、日常業務の中に潜む事務処理上のミスや失念、改ざん等により発生する不適切な行為あるいは職員の不正行為などの可能性の高さを意味します。

　そして、「リスクの内容及び程度」とは、**リスク・アプローチに基づく**監査等を実施することを規定したものになります。リスク・アプローチとは、民間の監査（財務諸表監査）で発展してきた監査戦略・手法になりますが、国際監査基準（International Standard on Auditing, ISA）をはじめとして米国監査基準（Statements on Auditing Standards, SASs）など世界の主要国の監査基準は、おおむねこの概念を監査の機軸に置く世界標準の監査アプローチモデルとされているものです[7]。

　一般的には、**重要な虚偽表示が生じる可能性が高い項目を重点的に監査する**ことをいいます。なぜ、このような手法が行われるのかというと、監査を実施するには、限られた人員や時間の中で、すべての書類に目を通すことは困難であるため、監査の世界では対象となる資料の中から一部を抽出し、その結果から全体の正否又は適否を推定する「**試査**」という方法が一般的に行われています。

　しかし、やみくもに抽出していては問題を発見することができないこともありますので、事務事業上に潜在するリスクに着目し、リスクの高い事項について重点的に監査の人員や時間を充てることにより、監査を効率的かつ効果的なものとするのがねらいとなります。

　リスク・アプローチをわが国で導入したのは、1991年（平成3年）の監査基準（民間部門）の改訂でしたので、民間の監査（財務諸表監査）では当たり前であるかもしれませんが、地方自治体の監査においても監査基準の制定にあわせて、**リスクに着目した監査**の実施が求められています。

監査手続と監査技術

　監査の手続において、監査委員の意見表明の基礎となる**監査証拠**を入手することはとても重要です。

　この監査証拠を入手する手段を「**監査技術**」といいますが、似たような言葉に「**監査手続**」があります。この2つの区分は判然となっていないところもあるのですが、先行研究ではモイヤーが監査技術を「適格な証拠書類を入手するために監査人が利用することのできる方法又は手段」、監査手続を「特定の監査における特定の局面に監査技術を適用すること」と定義し、この2つを明確に区分することは、監査計画の適切な編成に役立つとしています[8]。

　また、具体的に監査技術を類型化して示したものとしては、鳥羽（2009）が次の14の監査技術を示しています[9]。

実査、立会、確認、質問、視察、閲覧、証憑突合、帳簿突合、計算突合、勘定分析、通査、調整、再実施、分析的手続

　そのような中、自治体監査に目を転じると、地方自治法や同法施行令などの法令で監査技術に関して規定しているものはありませんが、都道府県、市、町村ごとの単位で組織された監査委員の連合組織が監査実務の参考として示した監査基準では、監査技術に関する規定を確認することができます。

　それらに列挙された具体的な監査技術は、ほぼ同様の内容となっていますが、民間企業の財務諸表監査で採用される監査技術とは差異があります。

それでは、実際に監査するときに、どのような監査技術をつかって監査手続を進めていけばよいのでしょうか？

　総務省が示した監査基準（案）では、**図表4-7**のとおり「実施すべき監査等の手続を選択し、実施するものとする。」と規定されているのみで、具体的に監査等の手続とは何かが記されていません。

　それに対して全国都市監査委員会が参考として示す都市監査基準では、「実査、立会、確認、証憑突合、帳簿突合、計算突合、分析的手続、質問、観察[10]、閲覧等」（第16条）という監査技術が例示されています。鳥羽による監査技術の整理と比較すると、「勘定分析」「通査」「調整」「再実施」の4つ以外の監査技術は共通しているのが確認できます。

　それぞれの監査技術は、**図表4-8**のように定義されますが、財務諸表監査を対象としているため、地方自治体の監査に対応した文言等に修正し、監査等の種類や目的に応じた選択・適用を行うことが必要となってきます。

　実際の現場で適用される監査技術としては証憑突合、質問、実査などが中心として行われています[11]。

図表4-7　監査等の手続

監査基準（案）（総務省）	都市監査基準（全国都市監査委員会）
（監査等の実施手続） 第10条　監査委員は、必要な監査等の証拠を効率的かつ効果的に入手するため、監査計画に基づき、実施すべき監査等の手続を選択し、実施するものとする。	（実施すべき監査等の手続の適用） 第16条　監査委員は、効果的かつ効率的に十分かつ適切な監査等の証拠を入手するため、**実査、立会、確認、証憑突合、帳簿突合、計算突合、分析的手続、質問、観察、閲覧等の手法**について、得られる証拠力の強弱やその容易性を勘案して適宜これらを組み合わせる等により、最も合理的かつ効果的となるよう選択の上、実施すべき監査等の手続として適用するものとする。

図表 4 - 8　監査技術の定義

	種　類	定　義
①	実　査	監査人が物理的証拠資料に直接接触し、①対象物の識別と実在性の立証、②数量の決定、③所有権の識別、④対象物の存在状態の把握という複数の立証目的をもった複合技術をいう。
②	立　会	被監査側の業務現場に監査人が直接立ち会い、その実施状況をつぶさに観察することにより、当該業務の妥当性を批判的に判断することをいう。
③	確　認	監査人が外部の関係者に直接文書により照会して一定の事実や取引の存在、その内容あるいは計算の正否を確認してもらい、その回答を文書の形で監査人が直接入手することをいう。
④	証憑突合	会計帳簿の記入とそれを裏づける証憑書類とを突き合わせることによって、①会計帳簿に正確に記入されているかを立証すること、②当該証憑書類自体の真正性を確かめるという2つの立証目的をもった複合技術をいう。
⑤	帳簿突合	会計帳簿間の転記の正否を確かめることによって、記帳の正確性を確かめることをいう。
⑥	計算突合	被監査側が行った計算を監査人が再度検算することで、当該計算の正確性を確かめることをいう。
⑦	分析的手続	財務データ間または財務データと非財務データの間にあると見られる関係を推定し、分析・検討する手法をいう。(例) 趨勢分析、比率分析、合理性テスト、回帰分析など
⑧	質　問	被監査側の役員、従業員、あるいは被監査側の外部の関係者に不明な事実や疑問点を問い合わせ、それについての回答を得ることをいう。
⑨	視　察	監査人が特定の監査要点を立証するために、あるいは被監査側で行われている業務についての実態把握を目的として、監査人が業務現場に赴き、そこで行われている業務活動の状況や手続などをつぶさに、そして批判的に観察することをいう。
⑩	閲　覧	ある特定の立証目的について、文書に記載されている内容を批判的に検討し、知悉することをいう。
11	勘定分析	勘定の借方・貸方をその構成要素別に分解し、当該勘定がいかなる内容の取引から構成されているかを分析し、明らかにすることをいう。
12	通　査	特定の監査項目に関して異常な項目や例外的な事項を発見するために、文書的証拠資料を通読することをいう。
13	調　整	独立の証拠書類から監査人が入手した2つ以上の金額や数量に差異がある場合に、その内容を調査し、それらが実質的に符合することを確かめることをいう。
14	再実施	被監査側が内部統制の一環として実施している手続や統制手続が有効に機能しているかどうかを確かめるために、監査人がその手続などを自ら実施することをいう。

【出所】鳥羽[9]の分類を参考にして一部調整。都市監査基準に規定されているものは数字を○で囲む。

一例ですが、監査技術を適用し、具体的な監査の実施手続を示したものが**図表4-9**になります。

図表4-9　通常すべき監査等の実施手続（監査技術の選択適用）

照　合	関係書類を相互に突き合わせ、その記録又は計算の正否を確かめます。

⇩

実　査	事実の存否について、実地に現物検証、現場検証等によって直接検証します。

⇩

立　会	物品等の在庫調査や実地棚卸しを行う際に、現場に視察して正否を確かめます。

⇩

確　認	写真やその他の証拠書類、第三者の証言等を参考に事実の存否を確認します。

⇩

質　問	事実の存否又は課題等を質問して、回答を求めます。

⇩

分　析	事実の性質、内容を究明し、異常の有無を確かめます。

⇩

比　較	年度別の経年変化や他自治体の比較等を通じて問題点の有無を確かめます。

【出所】総務省「地方公共団体における内部統制・監査に関する研究会」、参考資料「地方公共団体における内部統制制度の導入に関する報告書」85頁。

また、総務省「地方公共団体における内部統制・監査に関する研究会」で検討された参考資料[12]の中では、より質の高い監査を実現するため、「監査委員事務局職員による監査」と「監査委員による監査」を監査技術で例示しながら区分けし、その具体的な方法が提案されています。

〈監査の具体的方法（イメージ）〉

○監査委員事務局職員による監査
　①計算突合
　　合計額、差額等を自ら計算し、計算に誤りがないかどうかを点検する。
　②帳簿、証拠書類等との突合
　　各種の帳簿と各種の証拠書類、伝票、会議録、契約書その他取引に基づいて作成される書類等との突合、各種の帳簿相互間の突合を行う。
　③実査
　　現金、公有財産、物品等につき、みずから倉庫その他の保管場所につき調査する。
　④確認
　　契約の相手方等につき、事実を確認する。その方法としては、文書による回答を求め、必要があれば出頭を求め、調査をし、帳簿、書類その他の記録の提出を求める。
○監査委員による監査
　⑤質問
　　責任者、事務担当者等に質問をし、説明を求め、場合によっては書類による回答を求める。

【出所】総務省「地方公共団体における内部統制の整備・運用に関する検討会報告書（参考資料）」86頁。

　大規模な地方自治体などでは、わずか数人の監査委員で監査等を行うことは困難であるため、上記のように、監査委員事務局の職員が事前に予備監査を行い、監査委員の補助的な役割を果たしています。また、監査委員は実働機関に位置づけられるため、監査委員事務局の職員が単独で、監査等を行うことはできません。

リスクに着目した監査

1 リスクに着目する理由

　実際に監査を実施しようとしたときに、すべての部署の資料に目を通すということは、監査に係る時間や人数にも限りがありますので、一般的には難しいと思います。

　そこで、監査の世界では、すべての資料をチェックするというのではなく、対象となっている資料の中から一部を抽出して、その結果から全体の正否または適否を推定する「試査」という方法が一般的に行われています。

　しかし、適当に抽出していたのでは、**重要な問題や不適切な処理を見落としてしまう可能性（リスク）**が高くなってしまいますので、リスクの高いものを優先的かつ重点的に抽出して監査を実施しようというのが**リスクに着目した監査**になります。

　具体的には、監査を実施する前に事務等の抱えるリスクを評価し、リスクの高い事務手続等は重点的に監査を実施し、リスクの低い事務手続は相応の監査を適用するということです。

　リスクに着目した監査を実施することで、少人数の監査委員事務局体制でも一定の水準の監査等を確保することが可能となり、限られた時間と人数の中で効率的かつ効果的な監査の実現が目的としてあります。

　そのため、リスクに着目した監査のやり方を、いかに質の高い方法に高めることができるかが課題となるのですが、民間の財務諸表監査では、リスク・アプローチという手法で実践されていますので、その手法を参考にするのもよいでしょう。

2 リスク・アプローチ

　リスク・アプローチとは、監査人が**重要な虚偽表示**を見逃して、誤った

結論を行ってしまう可能性（「**監査リスク**」という）に着目した監査をいい、**図表4-10**のように**監査リスクを固有リスク、統制リスク、発見リスク**の３つのリスクに分け、それぞれを評価していきます。

　具体的には、固有リスク、統制リスク、発見リスクを数値化し、その掛け算で算出された数字によって、リスク項目の高低度合いを判定し、**重点化する監査項目**を導きます。

図表4-10　監査リスクの評価

固有リスク…関連する内部統制が存在していないという仮定の下、重要な虚偽表示がなされる可能性（事業等が本来有する特有のリスク）
統制リスク…内部統制の機能によっても、違法的な行為が防止できない可能性
発見リスク…監査等を実施しても発見されない可能性

　しかしながら、歴史的に、リスク・アプローチは1962年（昭和37年）の統計的サンプリングと監査の基礎概念の結び付きに端を発し、いくつかの過程を経て、現代では重要な虚偽表示のリスク、内部統制の有効性、試査などを組み合わせた精緻なものとなっていますので、監査委員事務局の人員体制や監査に関する専門性に差がある中で、すべての地方自治体に適用させるには限界があります。

　リスク・アプローチという手法をすべての自治体の監査に適用していくことは、今後の課題ですが、リスクに着目した監査をすでに実施している静岡県富士市の事例を紹介しながら、その主な特徴を挙げてみます。

3　具体的な事例

　静岡県富士市では、2013年（平成25年）３月にリスク・アプローチの手法を盛り込んだ監査基準を策定しています。

　具体的な監査の方法ですが、固有リスクを評価するためには、どのような固有リスクがあるかを知ることが重要です。固有リスクの項目がなけれ

ば評価することができませんので、その項目をつくるために、評価年度（当年度）又は過去に実施した定期監査や決算審査等において各課に改善等の指示をした内容を性質別に分類した「組織別リスク一覧表」を作成します。

図表 4 -11　組織別リスク一覧表（例）

組織名	指摘事項(リスク項目)							
	恣意的な分割	契約書の不備	支払遅延	文書の不備	…	…	…	現金の取扱い
○○課	○(消耗品)			○(公印漏れ)	…	…	…	
△△課		○(印紙漏れ)			…	…	…	
□□課	○(委託)							
件数	23件	17件	5件	8件	…	…	…	3件

　この一覧表を作成することで、業務に潜在する固有リスクの種類を洗い出すことができるだけでなく、どのような性質の固有リスクが指摘されるのが多いのかなども確認することができます。

図表 4 -12　影響度及び発生頻度の評価

影響度	大	自治体内で留まらず、住民等にも影響を及ぼす。
	中	全庁的に影響を及ぼす。
	小	1つの部署で影響が留まる。
発生頻度	多	定期監査等で、○件を超えて（△を超える組織で）発生している。
	中	定期監査等で、○件以下（△以下の組織で）発生している。
	少	ほとんど見られない。

※富士市リスク評価整理表を参考にして筆者修正

　一覧表が作成できたら、次には、**図表 4 -12**のように、リスクが顕在化したときの「**影響度**」と、その「**発生頻度**」を評価していきます。

このリスク評価の結果をまとめたものが「リスク評価整理表」になります。この整理表には、過去に改善を促した項目だけではなく、その他にも業務上考えられるリスク項目を追加していきます。

図表4-13　リスク評価整理表（例）

	リスク種類			監査等の処置結果		固有リスク評価		統制リスク
	大項目	小項目	例	R1決算	R2定期等	発生頻度	影響度	
1	予算関係（共通）	会計区分の誤り	一般会計と特別会計の区分誤り			少	大	低
2		会計年度の誤り	誤った年度での収入・支出(収入漏れ、支出漏れを含む。)			少	大	低
3		予算編成上の問題	多額の流用、予算額の妥当性、二重補助、補正予算の議会上程なし、予算編成の見直し、金額見直し	2	1	中	中	中
4		予算科目上の問題	予算科目の設定誤り、細節の再検討	2		中	中	中
5		経費設定上の問題	設計、見積り時の不十分なチェック、精査	1		中	中	中
6	収入関係	不適切な収入手続	調定漏れ、調定遅れ、調定額の算定誤り、前年度収入未済額の不適切な繰越、領収金額の記載漏れ、調定書類不備	3	1	中	中	中
7		不適切な徴収手続	延納・分納・徴収停止の措置、過誤納金の還付手続、消込誤り、漏れ、遅延			少	大	低
8		滞納・時効関係	時効の起算点誤り、消滅債権の未整理、滞納者に対する督促			少	大	低
9		過大計上	過大徴収、還付の過払い			少	大	中
10		過少計上	過少徴収			少	大	中

※以下　表省略

　次に、リスク評価整理表に発生頻度と影響度の評価結果を入力したら、影響度を縦軸、発生頻度を横軸にしたマトリックス上に、それぞれ該当するリスク項目を落とし込みます。

　図表4-14のように、発生頻度と影響度をそれぞれ3つに区分すると、9つのエリアに分かれ、リスクを可視化することができます。例えば、1番右上のエリアには、発生頻度が多く、影響度も大きいリスクがプロットされることになりますので、自治体にとって最も優先すべきリスクが位置づけられていると認識できます。残りのエリアは、発生頻度を重視するか、影響度を重視するかによって、2番目、3番目、……というように優先すべき注意エリアが決まってきて、最終的に**図表4-14**のような優先順位が位置づけられた「**リスク・マップ**」が完成します。

図表 4 -14　リスク・マップと優先順位

※各マトリックス上の数字は、優先順位をあらわす。

図表 4 -15　リスクに着目した監査

　リスクを評価する方法は色々とありますが、静岡県富士市では「**リスク・アセスメント**」というリスクを影響度と発生頻度で評価したものをマトリックス上に位置づけることで、リスクを可視化し、重点的に監査する項目（重点監査項目）を特定する方法を採用しているのがわかります。

　次に統制リスクですが、都道府県及び指定都市以外のその他の市町村は内部統制の整備・運用は努力義務であるので、そもそも地方自治体ごとにさまざまな形で事務の適正な執行の確保は努めており、一定の内部統制の仕組みは存在していると考えられます。

　そこで統制リスクを**図表 4 -16**のように 3 つに区分して評価し、その結果をリスク・マップ上に落とし込むと、リスク・マップ上の 1 位、2 位の上位部分に位置づけられているリスク項目の中には、内部統制が機能して統制リスクが低く抑えられているものも生じる可能性があります。このため、必ずしもリスク・マップの 1 位、2 位の上位部分に入っているリスク項目すべてを重点監査項目に設定する必要もなく、統制リスクの低いリスク項目は重点監査項目から外すことも考えられるでしょう。また逆に、優

先順位が3位に位置づけられているリスク項目の中で、統制リスクが高い
ものは、重点監査項目に含めて監査することも考えられます。

このように静岡県富士市では、固有リスクだけでなく、統制リスクまで
考慮することで、内部統制に依拠した監査に繋げています。

図表4-16　統制リスクの評価

統制 リスク	低	全庁的に内部統制が機能している
	中	内部統制の機能が部分的に存在している
	高	全く内部統制の機能が存在しない

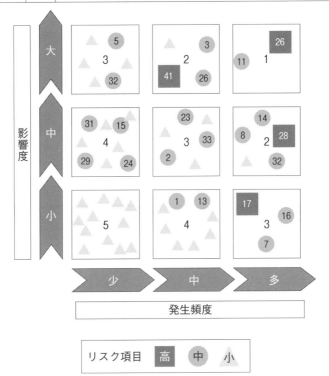

※各マトリックス上の数字は、リスク評価整理表のリスク項目の番号をあらわす。

また、企業会計原則の注解として定められたものに、会計において重要
性が乏しいものは簡便な会計処理方法を認める「**重要性の原則**」と呼ばれ
るものがあります。

重要性の原則には、金額的に大きいかどうかという**量的重要性**、内容的に見過ごせるかどうかという**質的重要性**の2つの面からみるという考え方があります。

地方自治体に当てはめれば、上記のリスクの発生頻度やその与える影響度に関するリスク評価は、ここでいう量的重要性に相当し、もう一方の質的重要性は、当該自治体に求められる信頼性や公平性、住民の安全確保などが挙げられます。

重要性の原則を具体的に**図表4−17**で説明しますと、

図表4−17　量的重要性と質的重要性の関係

		質的	
		重要	重要でない
量的	重要	A	B
	重要でない	C	D

Aは、量的にも質的にも「重要」ですから、総合的な評価としては、「重要」になります。

Bについても、リスク評価（発生頻度と影響度）が高かった場合は量的に「重要」ですから、質的重要性を考慮しなくても、総合的な評価は「重要」となりますが、Cは、質的重要性の考え方を持っていないと、量的に「重要でない」と判断すると、総合的な評価も「重要でない」としてしまいますが、量的と質的の両方の考え方を持ち合わせていると、そうではないことがわかり、総合的な評価は「重要」となります。

Dについては、量的にも質的にも「重要でない」ので、当然ながら総合的な評価は「重要でない」になります。

このように、量的重要性だけでなく、質的重要性も加えて、監査の重点化を進めていくと、より質の高い監査の実現に繋げることができます。

監査の仕方 ―試査と精査―

　いざ監査を実施しようと思っても、調べる資料は膨大であり、限られた時間と人数ですべての書類に目を通すことは現実的に難しい話です。

　そこで監査の手続としては、対象となっている資料の中から一部を抽出して、その結果から全体の正否又は適否を推定する「試査」というやり方が一般的となっています。

　それに対して、監査等の対象となっている事項について、全部にわたり精密に監査し、その正否又は適否を明らかにすることを「精査」といいます。

　自治体監査には、財務監査や行政監査、決算審査、住民監査請求監査など、さまざまな種類の監査等がありますが、それぞれの監査等の目的や、対象となる事務処理の数量に応じて、試査と精査を使い分ける必要があります。

　一例ではありますが、住民監査請求による監査などの要求監査や、テーマが設定された行政監査などは、精査による監査が行われる傾向が強いのに対して、財務監査や決算審査、例月出納検査などで対象となる財務書類の数量が膨大である場合は、試査による監査が一般的です。

　もし、試査によって異常を発見するようなことがあった場合には、当該事項に関する範囲を拡大して手続を実施したり、必要に応じて精査を行ったりすることも大切です。

　試査の範囲の決定には、試査の結果が監査結果に反映されることを踏まえると、慎重な判断が求められてきます。

　それでは、試査の場合、どのくらいの数のサンプリングが必要になるのでしょうか。

民間企業の監査では、「25件」[13]というのが一般的な標準サンプル数とされていますが、地方自治体の監査に従事した実務経験からすると、やみくもに25件を無作為で抽出しても、正否や適否を推定することはできないというのが感想です。

　実際に、監査の対象となる委託契約が100以上あった場合、どのくらいの数を抽出すればよいかといえば、その数にこだわるのではなく、地方自治法で予定価格が随意契約から入札の必要となる金額に切り替わる値の前後の契約に着目した方が、より効率的に不適切な手続を抽出しやすくなります。例えば、都道府県及び指定都市を除くその他の市町村の業務委託であれば、入札が必要であるかないかの基準となる50万円が一つのポイントになります。入札手続をせずに随意契約で締結したいがために、意図的（恣意的）に契約を50万円未満の契約に分割し、随意契約で締結しているようなケースがみられます。

　同様に、都道府県及び指定都市であれば、入札が必要となる金額は100万円となります。

　地方自治法施行令の別表第5には、随意契約ができる金額が契約の種類別に規定されていますので、確認しておくことが大切です。

監査等の証拠と合理的な基礎 ―証拠集め―

　監査を行う者は、監査意見の根拠となる基礎証拠をしっかり集めなければ、自己の監査意見を支えるのが難しくなってしまいます。そういう意味では、監査としての意見を支えるに足る十分な証拠（「**監査証拠**」といいます）が集まるまで、監査の手続中のみならず、監査の事前あるいは事後でもよいので入手することが大切です。

　一般的に、監査証拠として求められる要件としては、「**十分性**」と「**適切性**」の2つがあります。

　十分性とは、監査証拠を「量」という面から十分であるのかという視点から判断されるものであり、監査証拠の量が多くなれば、証明力もより強くなります。したがって、試査の範囲を広げて対応することも求められてきますが、自己の判断でやみくもに資料等を要求するのではなく、監査委員や監査委員事務局内の他の職員の意見等を取り入れながら、証明力の高い資料等をより効率的に求めていくことが重要になります。

　一方、適切性とは、監査証拠を「質」という面から妥当であるか判断されるものであり、必要に応じて、被監査部署以外の関係者から状況証拠や情報を収集する必要が生じてくることも考えられます。

　監査証拠は、監査報告書や意見を作成する上で重要な証拠情報になりますので、どのような監査証拠をどのような監査技術を組み合わせて入手するかをあらかじめ特定しておくことが重要です。

　この十分性と適切性の両方を備えた監査証拠を、監査意見の形成に足るところまで積み上げることを「**合理的な基礎の形成**」といいます。

　しかし、十分性と適切性を備えた監査証拠を入手することは、コストがかかってくる場合がありますので、監査証拠の「証明力の強弱」と比較考量し、決定しなければならないという限界もあります。

監査を行う者には、監査技術を上手く組み合わせながら、合理的な基礎を得るまで、監査証拠を入手することが求められます。

監査調書

　監査調書とは、監査委員が正当な注意を持って監査を実施したことを立証するための資料になります。そのため、実施した手続やその合理的な基礎の形成のための適切な監査等の証拠を明瞭に整理し、文書化しておく必要があります。

　地方自治体によっては、作成していないところもあるかもしれません。しかし、情報公開制度により監査調書の公開請求があった場合に、監査手続に虚偽や欠落などがあれば、監査委員に説明責任が問われる可能性が出てきますので、監査調書として監査のプロセスや証拠をまとめて、しっかり保存しておくことが重要です。監査調書の作成と保存については、都市監査基準において規定しているのを確認することができます。

【都市監査基準（全国都市監査委員会）】

> （監査調書等の作成及び保存）
> **第9条**　監査委員は、年間監査計画及び実施計画（以下「監査等の計画」という。）、監査等の内容、判断の過程、結果及び関連する証拠その他の監査委員が必要と認める事項を監査調書等として作成し、適切に保存するものとする。

　また、監査調書は、比較的変更が少ない重要かつ基本的な事項をまとめた「**永久調書**」と、年度ごとの監査の実施過程や結果等に関してその根拠を記載した「**年度調書（当年調書）**」に分けることができます。

　それぞれの調書に記載すべき事項は次のとおりです。

○監査調書（永久調書）に記載すべき主な項目

・重要な懸案事項
・過去の指摘事項の一覧表
・行政機構図
・所管する主要な事務処理のフローチャート
・重要な契約書、長期の契約書等
・所管する例規（条例、規則、規程、要綱等）
・所管する財政援助団体等の一覧表
・所管する財産の一覧表

○監査調書（年度調書）に記載すべき主な項目

・監査実施計画
・監査の実施年月日
・監査の対象部署及び対応者
・監査の方法
・実施した監査手続（実査、質問、確認、立会等）
・監査結果（指摘・注意事項、所見等）
・監査意見の形成に至った経緯や根拠等
・予備監査で発見された課題や結果など

◆監査調書を作成及び保存する意義・機能

①監査を通して収集した監査証拠とその分析結果、監査判断の過程、結論（所見）を記録する機能。

②監査委員事務局職員が予備監査等で実施した監査手続の内容と結果を上司に報告する機能。

③次期監査計画を策定する際のデータベース的な機能。

④監査委員の責任が問われる事態に陥ったとき、監査業務が適切に実施されていたことを証明する機能。

31

監査等の品質管理 ―監査の質は?―

　監査の水準については、地方自治体の規模によって監査委員事務局の職員数など監査体制が大きく異なることから、すべての地方自治体の監査水準が全国均一であるとは考えられませんが、一定の監査水準が担保されてなければ、監査の役割を果たしているとはいえません。

　監査が形だけの監査にならないように、十分に注意をしてもらいたいところですが、実際、監査実務に携わったことのある筆者の経験から申しますと、監査委員事務局の仕事は、同じ自治体組織の人間（身内）を相手にしていますので、とてもやりづらいところがあります。

　例えば、少しでも厳しい指導をすれば、かつてお世話になった先輩や、親交の深い上司や同僚との仲が悪くなったりすることもありますし、相手に嫌がられるのを避けるために、不適切な疑いがあるものでも、とことん調べたり質問したりはしないということが現実的にどこの地方自治体でも起きている可能性があります。そして、監査委員も首長に対して同様の遠慮、忖度があることが、監査報告書（軽微な注意事項は報告書に掲載しない点など）から窺うことができます。

　そのため、監査の一連の流れである、監査計画の策定、監査手続の設定、監査の実施、監査調書の作成、監査報告書の作成など、段階別に**監査の品質が確保されているかどうか**を確認する必要があります。

　まずは、**品質管理の方針と手続を定め**、監査等が適切に実施されているかどうかについて、**定期的に評価する**必要があります。

【都市監査基準（全国都市監査委員会）】

> （品質管理）
>
> **第11条**　監査委員は、本基準にのっとってその職務を遂行するに当た
> り求められる質を確保するために必要な品質管理の方針と手続を定
> めるものとする。
>
> 　2　監査委員は、前項の品質管理の方針と手続に従い、監査等が適切
> に実施されていることを定期的に評価するものとする。

　監査委員事務局の職員に着目すれば、監査の品質を確保するためには、
事務局の職員のレベルも影響してきますので、実地研修（OJT）や派遣研
修などを通して、職員の専門力向上に努めることが重要です。

　また、職員の異動等により損なわれる業務上の知見やノウハウを最小限
にとどめ、円滑な引継ぎを行える環境を整備するため、監査等の業務手順
や監査事務マニュアルなどを整備する必要があります。

32

監査報告等 ―「伝える監査」から「伝わる監査」へ―

1 監査報告等への記載事項

　一連の監査手続が終了すると、監査報告書等を作成することになりますが、具体的には次のような項目を記載することが総務省の監査基準（案）で記されています。

（監査等の結果に関する報告等への記載事項）

第15条　監査等の結果に関する報告等には、原則として次に掲げる事項その他監査委員が必要と認める事項を記載するものとする。

(1)　本基準に準拠している旨

(2)　監査等の種類

(3)　監査等の対象

(4)　監査等の着眼点（評価項目）

(5)　監査等の実施内容

(6)　監査等の結果

2～3　略

4　監査委員は、是正又は改善が必要である事項が認められる場合、その内容を監査等の結果に記載するとともに、必要に応じて、監査等の実施過程で明らかとなった当該事項の原因等を記載するよう努めるものとする。

5　監査委員は、内部統制評価報告書審査においては、長による評価が評価手続に沿って適切に実施されていないと考えられる場合及び内部統制の不備について重大な不備に当たるかどうかの判断が適切に行われていないと考えられる場合は、その内容を記載するものとする。

多くの地方自治体では、監査基準[14]に基づき、監査報告等が作成されますが、実際は、監査の期間や対象所属、事業概要等を書き換えるだけで、監査結果がいつも「指摘する事項は認められなかった」ということはないでしょうか。

また、監査の際に見受けられた事務処理上の軽微な誤り等については、各所属長や関係職員に対し、文書又は口頭で指導したので、監査報告等への記述を省略しているということはないでしょうか。

監査等で注意したすべての事項を監査報告等に掲載しないのは、監査を受ける相手への遠慮、忖度とも取れる地方自治体の監査ならではの独自な特徴でもあり、その背景には監査委員が長から選任されていることや、監査委員事務局の職員が監査を受ける相手と同一の自治体職員であるなど、監査委員事務局という組織が自治体から完全に独立していないことが挙げられます。

【監査報告等への注意事項の記載方法（例）】

〇項目別に該当した所属数を明記する方法

監査の結果
　① 指摘事項
　　なし
　② 注意事項
　　・委託料の支出において、恣意的な契約分割を行っているところがあった。（7課）
　　・誤った予算科目で支出しているところがあった。（2課）
　　・補助金の実績報告書の記載誤りを確認しないまま、補助金の額を確定していた。（1課）

実際にあった事実を記載しないということは、不適切な事務処理を隠しているのではないかという誤解を招く可能性を抱えることになり、監査そのものの信頼性を損なうことにも繋がってしまいますので、十分に注意す

る必要があります。

　もし、すべての情報を監査報告等に掲載していない場合は、掲載方法を見直してみるなど、どのような些細なものでも注意事項として掲載する方向で、検討する必要があるのではないかと考えます。

2　監査結果を共有・検討する場の必要性

　また、監査報告等で何回も注意しているのに、改善されていないということはないでしょうか。

　その要因としては、監査報告等の結果が地方自治体内のリスクマネジメントに活かされる仕組みが整っていないのではないか、ということが考えられます。

　監査報告等を首長や議会に報告する流れはあっても、形式的な報告で留まっているだけで、首長以下の内部組織で情報を共有し、改善に向けて検討する場は存在しないというケースが、地方自治体の中で見られます。

　例えば、首長や部長などの経営幹部が集まる庁議や経営会議などで、監査結果等を報告し、全庁的に対応しなければならない課題やリスク情報を共有することも大切です。

　監査等で不適切な事項を発見し、改善を促したとしても、それが実際に改善に至らなければ、監査の意味がありません。実効性のある監査を実現するためには、首長による支援やサポートが必要不可欠であり、このような報告の場を設定することは、なかなか改善がされなかった指摘事項も問題解決に向けて動くきっかけにも繋がります。

　また、監査報告等の内容について、総務、法務、財政、会計、契約、行政改革などの部署と定期的に検討できる合同会議を設け、監査結果等の共有、全庁的な対応が求められる課題事項の解決策を検討できるようになれば、内部統制機能の強化、監査のフォローアップ機能も向上してきます。

　特に、内部統制制度の整備・運用が義務化されていない都道府県や指定都市を除く市町村においては、必要不可欠であると考えます。

前回の監査報告等とほとんど同じ。金額や日付などの数字を変更するだけということがほとんどである、ということはないですか？

　　それでは、監査を行った意義が半減されてしまいます。担当課が読んでみたいと思わせるような報告書にしていくことも重要ではないかと考えます。

　　具体的にどのような監査報告書にするのがよいのか。書式やスタイルは、任意ですので、読ませたいと思わせるような工夫も必要です。

　　特に、経済性・効率性・有効性に関する監査報告等については、以下の要素が重要です。

・担当部署が把握できていないことを示すことができているか
・担当部署が求める期待値を超えるものを示すことができているか
・納得させられるようなデータ（事実）の提示ができているか

3　監査結果の取扱基準（処置基準）の明確化

　地方自治体の中には、監査等の結果を、勧告、指摘、注意、意見等のいくつかに区分し、監査報告等に掲載してホームページから確認することができます。

　このように、監査等を通して是正、改善等を要すると認められるものを不適切さの度合いに応じて区分し、どのように取り扱うかを示したものを**監査結果の取扱基準**ないし**処置基準**[15]といいます。

　地方自治体の中には、そのような処置基準を設けずに、監査報告等に掲載する基準が曖昧な地方自治体も見受けられます。その場合、住民への説明責任が果たされているのかどうか、同じ役所内の職員が監査をしているから隠蔽しているのではないかと疑問を持たれないように、どのような区分で公表しているのかを明確に示した処置基準を設けることが重要です。

　その区分の仕方や公表する基準は、各地方自治体で異なりますが、一例を示すと、**図表4-18**のようなものが挙げられます。

図表 4 -18　監査結果の取扱基準（例）

区分	内容	処置の内容
指摘	1　明らかに違法又は不当なもの 2　故意又は重大な過失によるもの 3　著しく不経済な行為又は著しい損害が生じているもの 4　その他著しく不適切あるいは著しく妥当性を欠くもの 5　前回の監査で指摘、指導した事項で改善の努力がなされていないもの	具体的内容を区分に応じて監査報告等に記載して、市長、議会等に報告するとともに、公表する。 　また、監査結果の報告後 1 か月以内に改善措置状況の報告を求めるものとする。
注意	是正又は改善を要する事項で、指摘事項までに至らないもの	
意見	業務運営に当たっての留意や努力を求めるもの	

4　監査情報誌の発行

　監査等の結果をより有効なものとするために、監査に関する情報や不適切事例などを掲載した監査情報誌などを職員に対して庁内ウェブ掲示板等で定期的に情報発信していけば、監査業務への理解を深めるだけでなく、リスクマネジメントの一環としても普及啓発に繋がります。

　また、定期監査等で発見された誤りやすい事例等も紹介すれば、不適切な事例の再発防止や職員の改善意識を醸成するのにも有効です。

　地方自治体の中にはホームページに掲載するなど、広く情報を発信しているところも見られます。

図表 4 -19　監査等の結果に係る公表について

監査等の種類	公表
財務監査、行政監査、財政援助団体等監査、住民監査請求監査、議会からの請求監査、長からの要求監査	必要
例月出納検査	必要なし
決算審査、基金運用状況の審査、内部統制評価報告書の審査	必要なし

※監査等の中には、その結果を公表することが必要であるものと、必要でないものがある。

監査の効力の限界

　監査委員が監査等で改善の指摘を行っても、相手側が納得しなければ、改善されない状態がそのまま続くということは、どこの地方自治体でもあり得ることです。

　例えば、経済性・効率性・有効性に関する指摘の場合は、判断の基礎となる評価基準が設定されていないことが多いため、監査する側と監査される側との間で認識にズレが生じやすく、改善されにくい一面があります。

　また、長等が監査委員の監査結果に基づく改善策を講じなくても、監査委員に対する報告義務はない[16]とされてきましたので、改善等の措置状況をフォローアップする仕組みが整備されていない状態でした。

　そのような中で、2017年（平成29年）の地方自治法改正により、**勧告制度**が創設され、地方自治体の長は勧告に対する措置内容を監査委員に通知し、当該措置内容を公表することが法制化されるようになりました。

　しかし、法制化されていたとしても、監査される側に納得できるような証拠やデータの提示等を示すことは大事なことです。納得感が得られなければ、かえって意見を押し付けられることによるモチベーションの低下や、監査委員の言うことは表面上聞いていればよいといった監査の形骸化を招いてしまうこともあります。

　監査される側に「なるほど」と傾聴させるような意見を心掛けるとともに、信頼関係も築いておくことが重要です。

　例えば、総務、法規、人事、財政、会計、管財、契約、情報などの内部統制に関係する部署の職員と定期的に集まり、話し合える場を設けるなどして、監査等を通じて判明した課題や、内部統制の不備などの無機能部分

の情報を提供することは、改善に向けた意思統一を図るのに大変有効です。

　内部統制に関係する部署と監査委員事務局との間でカウンターパートが築かれ、連携が深まれば、より効果的なチェック機能の構築が期待できます。

1　一般的に「監査基準」というと、企業会計審議会（金融庁）が設定した財務諸表監査の際に公認会計士が遵守すべき規範をいい、その他に「監査に関する品質管理基準（監査業務の質を確保するための基準）」、「監査における不正リスク対応基準（不正による重要な虚偽表示のリスクに対応した監査手続を明確化したもの）」が定められています。また、実務的・具体的に定めたものとして、日本公認会計士協会が設定した「監査実務指針」があります。

2　監査基準（案）を公表するに先立って、各地方自治体から意見、質問等を求め、それに対する考え方を総務省 HP で公表しています。
https://www.soumu.go.jp/main_content/000612922.pdf。（2022年3月28日時点）

3　総務省 HP「監査基準の策定状況」『監査制度関連資料』https://www.soumu.go.jp/main_content/000373435.pdf。（2022年3月28日時点）

（単位：団体）

	監査基準の策定状況		監査基準の公表	
	有	無	有	無
都道府県	46 (97.9%)	1 (2.1%)	14 (30.4%)	32 (69.6%)
指定都市	16 (80.0%)	4 (20.0%)	10 (62.5%)	6 (37.5%)
その他市	445 (56.2%)	347 (43.8%)	195 (42.6%)	263 (57.4%)
町村	419 (45.2%)	507 (54.8%)	212 (47.6%)	233 (52.4%)
合計	926 (51.9%)	859 (48.1%)	431 (44.7%)	534 (55.3%)

（2015 年 4 月 1 日）

4　伊藤龍峰「改正自治法と監査基準」西南学院大学商学論集64巻4号、2018年、163～164頁参照。

5　全国都市監査委員会が制定した「都市監査基準準則」の7条に「監査等を効率的かつ効果的に実施するため、年間監査計画を策定するとともに、適切な実施計画を作成し、これに基づいて秩序整然と適時に実施しなければならない」と定められていたため、平成29年の地方自治法の改正前に監査基準を策定していた自治体の多くはこの準則を参考にして策定していました。

6　総務省・地方公共団体における内部統制・監査に関する研究会 HP「実施要領（案）」2頁、https://www.soumu.go.jp/main_content/000599337.pdf。（2022年3月28日時点）

7　山浦久司『監査の新世紀 市場構造の変革と監査の役割』明治大学社会科学研究所紀要、2001年、126頁参照。

8　鳥羽至英『監査証拠論』国元書房、1983年、210頁参照。Cf. C.A.Moyer,"Relationship of Audit Programs to Audit Standards,Principles,Techniques,and Procedures," *The Journal of Accountancy* December 1952, p.687.

9　鳥羽至英『財務諸表監査 理論と制度【発展編】』国元書房、2009年、40～48頁参照。

10　視察と観察は同義としています。

11　石川恵子「地方自治体監査の考え方」『地方財務』673号、2010年7月号、10頁参照。

12　総務省「地方公共団体における内部統制・監査に関する研究会」内部統制部会 第1回（平成29年10月24日開催）参考資料2「地方公共団体における内部統制の整備・運用に関する検討会報告書（平成26年公表）」。

13　「財務報告に係る内部統制の評価及び監査に関する実施基準」（企業会計審議会）の「Ⅲ.

財務報告に係る内部統制の監査」参照。

14　全国の地方自治体の監査基準は、総務省の「監査基準（案）」と、全国都市監査委員会の「都市監査基準」を参考にしたものに大きく分けることができますが、都市監査基準では、「監査委員は、重大な制約等により重要な監査等の手続を実施できず、監査又は検査の結果及び意見を決定するための合理的な基礎を形成することができなかった場合には、必要に応じて監査等の結果に関する報告等にその旨、内容及び理由等を記載するものとする」という項を入れて、監査委員の事情で怠ったものではないことを主張することも必要であるとしています。具体的な制約としては、災害、事故等により物理的に監査等の実施に支障がある場合、監査等の対象組織等の非協力（圧力や抵抗を含みます）、監査妨害や監査拒否などを想定しています。

15　地方自治体によっては、「処理基準」や「処理基準及び公表基準」という名称のところもあり、その呼び方は統一されていません。

16　平10.4.1自治行第32号「地方自治法の一部を改正する法律の施行について」

第5章

監査の
実務ポイント

監査等の色々な着眼点

1 監査等の種類別着眼点

　監査基準には、監査等の種類に応じて、どのような観点に着目して監査すべきかが示されています。代表的な着眼点としては、会計検査院法（第20条第3項）で定める5つの代表的な観点（合規性・正確性・経済性・効率性・有効性）がありますが、監査基準ではそれ以外の着眼点が含まれてきている点に注意する必要があります。

（1）財務監査（定期監査）・行政監査の着眼点

監査等の種類	内容
財務監査 （定期監査）	財務に関する事務の執行及び経営に係る事業の管理が①法令に適合し、②正確で、③最少の経費で最大の効果を挙げるようにし、その④組織及び運営の合理化に努めているか監査すること。
行政監査	事務の執行が①法令に適合し、②正確で、③最少の経費で最大の効果を挙げるようにし、その④組織及び運営の合理化に努めているか監査すること。

　財務監査（定期監査）と行政監査では、次の4つの着眼点が共通して求められています。

① 「法令に適合しているか」という着眼点……　合規性
② 「正確であるか」という着眼点……　正確性
③ 「最少の経費で最大の効果を挙げているか」という着眼点……　経済性・効率性・有効性
④ 「組織及び運営の合理化に努めているか」という着眼点……　合理性

（2）財政援助団体等監査の着眼点

監査等の種類	内容
財政援助団体等監査	補助金、交付金、負担金等の財政的援助を与えている団体、出資している団体、借入金の元金又は利子の支払を保証している団体、信託の受託者及び公の施設の管理を行わせている団体の当該財政的援助等に係る出納その他の事務の執行が[※]<u>当該財政的援助等の目的に沿って行われているか監査すること。</u>

　財政援助団体等監査では、次のような着眼点が求められています。

※「当該財政的援助等の目的に沿って行われているか」という着眼点……
　 合目的性

（3）決算審査・健全化判断比率等審査の着眼点

監査等の種類	内容
決算審査	決算その他関係書類が^①<u>法令に適合し、</u>かつ^②<u>正確であるか</u>審査すること。
健全化判断比率等審査	健全化判断比率及び資金不足比率並びにそれらの算定の基礎となる事項を記載した書類が^①<u>法令に適合し、</u>かつ^②<u>正確であるか</u>審査すること。

　決算審査と健全化判断比率等審査では、次の2つの着眼点が共通して求められています。

①「法令に適合しているか」という着眼点…… 合規性

②「正確であるか」という着眼点…… 正確性

（4）例月出納検査の着眼点

監査等の種類	内容
例月出納検査	会計管理者等の現金の出納事務が[※]<u>正確に行われているか</u>検査すること。

例月出納検査では、次のような着眼点が求められています。

※「正確に行われているか」という着眼点……　正確性

（5）基金運用審査の着眼点

監査等の種類	内容
基金運用審査	基金の運用の状況を示す書類の計数が^①正確であり、^②基金の運用が確実かつ効率的に行われているか審査すること

　基金運用審査では、次の２つの着眼点が求められています。

① 「正確であるか」という着眼点……　正確性

② 「基金の運用が確実かつ効率的に行われているか」という着眼点……
　安全性[1]・　効率性

（6）内部統制評価報告書審査の着眼点

監査等の種類	内容
内部統制評価報告書審査	長が作成した内部統制評価報告書について、^①長による評価が適切に実施され、内部統制の不備について^②重大な不備に当たるかどうかの判断が適切に行われているか審査すること

　内部統制評価報告書審査では、次の２つの着眼点が求められています。

① 「評価が適切に実施されているか」という着眼点……　評価の妥当性

② 「判断が適切に行われているか」という着眼点……　判断の適切性

2　それぞれの着眼点の意味と性格

（1）合規性

　合規性とは、地方自治体の事務・事業が法令や条例等に従って、適正に処理されているかどうかに着眼して行う観点です。地方自治体の監査の中心的な着眼点になります。

　適正に処理されているかどうかを判断するための基準又は根拠には、法律や政省令以外に、例規集で定められているもの（条例、規則、規程、要

綱等）、また、例規集では定められていない基準や指針、ガイドライン、手引きなどがあります。

　その数は膨大な上に、多岐にわたりますので、監査を実施する者に知識が欠けていれば、誤り等を発見することができず、そのまま見過ごしてしまうことも考えられますので、一つでも多くの知識を増やしていく努力が監査に従事する者には求められます。

【押さえておきたい例規、基準等】

●会計事務に関するもの

・会計経理について定めたもの	・会計事務規則 ・会計事務の手引き

●財務に関するもの

・財務について定めたもの	・予算編成及び執行に関する規則 ・財務規則 ・補助金交付規則、その他個別の補助金交付要綱

●契約に関するもの

・契約事務に関する条例、規則等	・議会の議決に付すべき契約及び財産の取得又は処分に関する条例 ・入札監視委員会等条例 ・公契約条例 ・長期継続契約に関する条例 ・財務規則、契約事務規則 ・指名業者選定委員会等規則
・契約事務に関する基準等	・契約事務の手引き ・随意契約ガイドライン

●職制・処務に関するもの

・行政組織や事務分掌を定めたもの	・行政組織規則 ・事務決裁規程 ・公文書管理規程 ・行政手続条例

●職員等への給付に関するもの

・職員等への支給方法等を定めたもの	・特別職の職員で非常勤の者の報酬及び費用弁償に関する条例 ・職員等の旅費条例

●指定管理に関するもの

・指定管理者について定めたもの	・公の施設に係る指定管理者の指定手続等に関する条例 ・指定管理者導入指針 ・指定管理者運用ガイドライン、モニタリング指針

（2）正確性

　正確性とは、財務などの事務の執行状況が正確に表示されているかどうかということに着眼した観点をいい、正確に表示されていなければ指摘や是正を促します。

　監査等を実施していると、正確であるかどうかを判断するための基準自体が曖昧なケースもあります。例えば、工事と修繕の違い、備品と消耗品の区別など、各自治体で判断基準となるものを策定していたとしても、その内容が抽象的な表現であるため、判断に迷うことも出てくるかもしれません。そのときは、監査の対象所属だけでなく、基準をつくる大元の所属に対して、改善の指示を提起することも機会を捉えながら行うことが必要です。

　また、正確性の観点を、会計検査院の報告事例を基にして、①会計基準の準拠性に焦点をあてたもの、②会計処理の整合性に焦点をあてたもの、③正確な財務報告の作成に必要な内部統制が整備されていない事態に焦点をあてたもの、④正確な財務報告の作成に必要な内部統制が有効に運用されていない事態に焦点をあてたものの4つに類型化しているものもあります[2]。

　正確であるかどうかについては、判断の基準あるいは根拠となるものがあれば、Yes か No のどちらかに選択することができます。もし、判断の基準あるいは根拠がなければ、内部統制の整備・強化について指摘してい

くことが重要です。

図表 5 - 1　判断の基準・根拠がある場合とない場合の対応

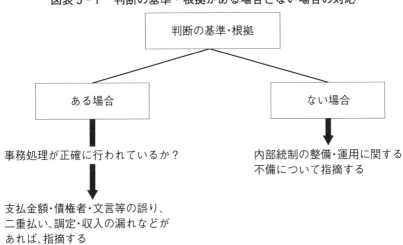

（3）経済性・効率性・有効性

　監査というと、「予算が法令どおりに適正に執行されているか（合規性）」、
「支出金額に誤りがないか（正確性）」などが監査の主要な着眼点に思われ
がちですが、地方自治法によれば、「監査をするに当たつては、（略）第 2
条第14項及び第15項の規定の趣旨にのつとつてなされているかどうかにつ
いて、特に、意を用いなければならない」と規定されており、その第 2 条
第14項の「最少の経費で最大の効果を挙げるようにしなければならない」
という視点が監査では重要になってきます。

　この視点は Value For Money（バリュー・フォー・マネー）とも呼ばれ、
経済性・効率性・有効性の 3 つの視点に分解することができます。また、
こ の 3 つ の 英 単 語 Economy（経 済 性）、Efficiency（効 率 性）、
Effectiveness（有効性）の頭文字をとり、3E とも呼ばれています。

　この 3 つの言葉の定義は、会計検査院が毎年次策定する「会計検査の基
本方針」に具体的に示されており、それによると、次のように定義されて
います。

●経済性

事務・事業の遂行及び予算の執行がより少ない費用で実施できないか。

●効率性

同じ費用でより大きな成果が得られないか、あるいは費用との対比で最大限の成果を得ているか。

●有効性

事務・事業の遂行及び予算の執行の結果が、所期の目的を達成しているか、また、効果を上げているか。

また、経済性、効率性、有効性の３つの観点を、「資源（Resource）」、「投入（Input）」、「行政活動（Process）」、「行政サービス（Output）」、「効果（Outcome）」との関係で示したものとして、**図表5-2**があります[3]。これは英国の監査委員会（Audit Commission）[4]の資料文献を基礎に、引用されているものになります。

図表5-2　ロジックモデルと3Eの関係

具体的に、この**図表5-2**から経済性・効率性・有効性を数式に当てはめますと、次のように表すことができます。

$$
経済性 = \frac{投入（Input）}{資源（Resource）} \quad 効率性 = \frac{行政サービス（Output）}{投入（Input）} \quad 有効性 = \frac{効果（Outcome）}{行政サービス（Output）}
$$

経済性：資源の投入は、一定の行政サービスを提供する上で最小化が図られているか。

効率性：行政サービスの提供は、投入された一定の資源の下で最大化が図られているか。

有効性：行政サービスは、その目的とする所期の効果を挙げているか。

　そして、これらを掛け合わせると、次のようになり、「最少の経費で最大の効果を挙げているか」という言葉が「経済性・効率性・有効性」と関係していることがわかります。

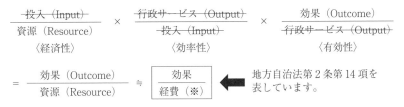

$$
\frac{\cancel{投入（Input）}}{\underset{\langle経済性\rangle}{資源（Resource）}} \times \frac{\cancel{行政サービス（Output）}}{\underset{\langle効率性\rangle}{\cancel{投入（Input）}}} \times \frac{効果（Outcome）}{\underset{\langle有効性\rangle}{\cancel{行政サービス（Output）}}}
$$

$$
= \frac{効果（Outcome）}{資源（Resource）} \fallingdotseq \boxed{\frac{効果}{経費（※）}}
$$

← 地方自治法第2条第14項を表しています。

(※) 経費は、資源（人、モノ、金など）の一部であるため。

　さらに、この数式は、経済性、効率性、有効性の関係が相互に**トレードオフ**の関係にあることを示しています。トレードオフとは、一方を追求すれば他方が犠牲になる二律背反の関係のことをいいます。

　例えば、可燃ごみの減量を図ることを目的として、生ごみ処理機を購入した人に補助金を助成する場合、多くの人が生ごみ処理機を使用することで可燃ごみの減量という目的達成には有効な手段であるかもしれませんが、真に可燃ごみの減量に繋がっているかを検証することなく、やみくもに補助金を交付していたらコストがかかりすぎて、経済性が悪くなるというケースも考えられます。監査を実施するときはさまざまな角度から検証し、有効性と経済性のバランスを考えながら分析することが大切です。

（4）具体的な見方

●経済性

① 適正な人数で事務が行われているか。また、人員が必要以上に多い部門はないか。

（例)・各課の時間外勤務や休暇取得等の実績を分析する。

・地方公共団体定員管理調査（総務省）から自団体の部門別職員数の状況を分析する。

② 遊休施設や未利用土地などを利活用しているか。

（例)・財産台帳で施設や土地の管理状況を確認し、実査を行う。

・時価情報や地価を入手し、含み損益を把握する。

③ 経費削減の余地はないか。

（例)・一般競争入札や長期継続契約などの契約方法の見直しができないか検討する。

・民間委託や指定管理など実施手段の最適化について検討する。

・他都市の状況を調べ、自団体と比較する。

④ 増収につながるものはないか。

（例)・減免一覧表を入手し、減免申請書と突合する。

・新たな財源確保策について検討する。

・作業実態に応じた精算等が行われているかを分析する。

●効率性

① 他の部署に業務を移す方が、あるいは業務を集約化する方が効率化を図れないか。

（例)・２か所以上の部署で類似した同様の業務を行っているところがないか確認する。

・他都市の組織図を参考にして分析する。

② 業務の効率化を図れないか。

(例)・マニュアルの整備・運用状況を確認する。

　　・事務処理の簡素化・ICT 化、民間委託の導入について検討する。

　　・新たな先端技術（RPA・AI）について検討する。

③ 1件あたりの処理時間を短くできないか。

(例)・窓口業務など、関係者へのヒアリングを行うとともに、現場視察を
　　　行う。

　　・民間委託など実施手段の最適化について検討する。

　　・他都市の状況を調べ、自団体と比較する。

●有効性

① 社会情勢や環境の変化に事業が有効に機能しているか。

(例)・事業開始から相当期間が経過しているが、見直しも行われず、既得
　　　権益的になっているものがないか確認する。

　　・行政評価（事務事業評価等）の評価結果を参考にして、達成状況を
　　　分析する。

② 実施主体が的確であるか。

(例)・行政が本当に実施すべきことであるのか、行政の守備範囲について
　　　検討する。

③ 目標を達成するための手段・方法が妥当であるか。また指標の目標値
　　が適切であるか。

(例)・行政評価（事務事業評価等）の評価結果を基にして、実施手段等の
　　　最適化を検討する。

　　・他都市の情報を収集し、他都市比較分析を行う（ベンチマーキング）。

（4）その他の着眼点

　　民間の財務諸表監査では、監査人が監査意見を述べるにあたり、財務諸

表の各項目、構成する要素となる取引や会計事象が正しいかどうかを十分かつ適切な監査証拠を入手して、確かめなければなりません。その確かめるべき目標を「**監査要点**」といいますが、次の6つがあります。

●**実在性**（実際に存在しているのか、本当にあるのか）

●**網羅性**（すべて記録されているか）

●**権利と義務の帰属**（資産に対する権利や負債に対する義務が団体に帰属しているか）

●**評価の妥当性**（資産や負債を適切な価格で評価しているか）

●**期間配分の適切性**（正しい期間に計上されているか）

●**表示の妥当性**（資産や負債、取引や事象を適切に表示しているか）

これらの監査要点を地方自治体に当てはめると、次のようになります。

例えば、地方公営企業法が適用される水道事業で、貸借対照表に「量水器50万円」と計上されているような場合、次のような検証を行います。

・50万円という金額が適切な価格であるのかを確認します。➡**評価の妥当性**

・実際に量水器50万円に相当する個数の量水器が存在するのかを確認します。➡**実在性**

・台帳の記録と一致しているかを確認します。➡**網羅性**

他にも、売掛金であれば「実在性」や「評価の妥当性」、借入金であれば「網羅性」、収益や費用であれば「期間配分の適切性」などが監査要点として設定されます。

決算審査のポイント

　地方自治体における決算とは、一会計年度における歳入歳出予算の執行の実績について作成される確定的な計数表[5]、又は当該予算執行の結果の実績を表示するため調製される計数表[6]とも定義されます。予算の執行結果の実績を明らかにすることは、議会や住民に対して予算が議決に従って誠実かつ適正に執行されたかどうかを検証するための判断材料を提供するものでもあるので、審査による意見は重要な意味を持ちます。

　財務会計システムの導入・普及により、会計年度区分の誤りや金額の間違いがないか再計算する等の必要性が低くなり、検算等の一部の省略が可能になるものもありますが、決算審査で見落とすことができないと思われる着眼点を挙げると、次のようなものがあります。

1　予算の執行

ア　予算の執行は計画的に行われているか。例年と異なる場合、その理由は適当であるか。

イ　議決前の予算執行はないか。

ウ　予算を超過する執行はないか。

エ　当初の計画（予算）に対して実績が著しく低下しているものはないか。

オ　必要以上の支出、不要不急の支出など、不経済な支出はないか。

カ　事務手続の遅延等により、延滞金が生じているものはないか。

キ　債務負担行為を設定した事業が予算で定められた範囲内で行われているか。

ク　誤った予算科目で収入、支出されているものはないか。

ケ　前年度決算の「翌年度への繰越額」が当年度の「前年度繰越額」と

一致しているか。

コ　予算の流用及び予備費の充用は、適切な理由・手続であるか。

サ　会計別、款・項別の予算執行に係る増減理由を把握できているか。

シ　年度区分及び会計区分に誤りはないか。

ス　出納整理期間中を過ぎた収入又は支出がないか。

セ　請求書や領収書の金額、日付等に改ざんはみられないか。

ソ　一時的に他会計の歳入不足を補填することで、財政の健全性が損なわれるようなものはないか。

タ　歳入歳出の決算額に誤りはないか。

チ　予算現額は当初予算に、補正予算、予備費充当又は流用増減の数字が反映されているものになっているか。

2　収入の確保

ア　収入の根拠となる条例や規則などに改善を要するものはないか。

イ　違法又は不当な調定は行われていないか。

ウ　調定漏れは生じていないか。

エ　調定額の算出基礎は正しいものになっているか。

オ　調定の取消又は減額は正当な理由であるか。

カ　収入未済が生じた原因及びその処理に不適切なところはないか。

キ　不納欠損が生じた原因及びその処理に不適切なところはないか。

ク　予算額と収入済額を比較したときに、著しく差が生じているものはないか。

ケ　調定額と収入済額を比較したときに、著しく差が生じているものはないか。

コ　前年度の収入済額と比較したときに、著しく差が生じているものはないか。

サ　収入が恒常的に遅れているものはないか。

シ　債権を不当に放棄しているものはないか。

ス　歳出と関連のある国庫支出金や負担金等はしっかり収入されているか。

セ　各々の歳入科目の増減理由を把握できているか。

3　適正な支出

ア　事実と相違した支出はないか。

イ　正当な債権者以外の者に支出しているものはないか。

ウ　同じ債権者に対して二重払いしているものはないか。

エ　誤った金額を支払っているものはないか。

オ　予算額と比べて多額の不用額が生じている場合、その理由は妥当であるか。

カ　予算消化と思われる物品の購入等が行われていないか。

キ　補助金等の支出の時期や金額は適切であるか。また、精算報告は行われているか。

ク　委託料、工事請負費等の支出の時期及び額は適切であるか。

ケ　歳出科目の増減理由を把握できているか。

4　財政指標の分析

　主な財政指標の年度間の経年比較を行い、その増減理由を分析します。また、他都市との比較を行い、自団体がどのような状況であるのかを分析し、現状を確認します。

　○　財政力指数（当該団体の財政力を示す指数）

　○　経常収支比率（当該団体の財政構造の弾力性を測定する比率）

　○　実質公債費比率（標準財政規模に対する借入金（地方債）の返済額（公債費）の割合）

　○　将来負担比率（当該団体の実質的な負債を捉えたストック指標）

　○　実質収支比率（標準財政規模に対する実質収支額の割合）

5　その他

ア　過去の決算審査で指摘した意見が是正されているか。

イ　定期監査や例月出納検査等で注意した事項について、必要な改善措置が行われたか。

36

財務監査のポイント

　財務監査は、毎年度、少なくとも1回以上は期日を定め、実施することが義務づけられおり、地方自治体によっては定期監査とも定例監査とも呼ぶことがあります。

　地方自治法では、「財務に関する事務の執行」と「経営に係る事業の管理」を監査の対象としており、財務が適正に行われているかだけではなく、当該事業が合理的かつ能率的に行われているかといった経営関連についても監査することになっています。

【財務に関する事務】……地方自治法第9章「財務」

①予算の執行（会計年度・会計区分・歳入歳出予算区分・予備費等）
②収入（地方税・分担金・使用料・手数料・滞納処分等）
③支出（支出の方法（資金前渡・概算払・前金払・繰替払・隔地払・
　　口座振替）等）
④契約（一般競争入札・指名競争入札・随意契約・せり売り・長期継
　　続契約等）
⑤現金及び有価証券（一時借入金・出納閉鎖等）
⑥時効（金銭債権の消滅時効）
⑦財産管理（公有財産・物品・債権・基金）

【経営に係る事業の管理】……地方公営企業法第2条第1項・第2項（収益性を有する事業）

①水道事業（簡易水道事業を除く。）

②工業用水道事業

③軌道事業

④自動車運送事業

⑤鉄道事業

⑥電気事業

⑦ガス事業

⑧病院事業

　決算審査における審査ポイントと重複する部分はありますが、どのような点に着目して監査をすればよいのか、主なポイントを紹介します。

1　予算の執行

ア　予算の執行は計画的に行われているか。例年と異なる場合、その理由は適当であるか。

イ　本来の会計区分とは異なる会計で執行しているものはないか。

ウ　年度当初や年度末に、年度区分を誤って執行しているものはないか。

エ　予算の執行において、決裁権者が誤っているものはないか。

オ　予算科目が適切な科目設定になっているか。また、誤った予算科目で収入、支出されているものはないか。

カ　事業の歳入と歳出を相殺して必要な額のみ計上しているものはないか（総計予算主義）。

キ　予算執行の手続は定められたルールに従って適正に行われているか。

ク　複数年度にまたがる事業であるにも関わらず、債務負担行為が設定されていないものはないか。

ケ　弾力条項の適用や事故繰越等の理由、金額及び手続は適正であるか。

コ　継続費、繰越明許費の繰越扱い及び使用手続に誤りはないか。

サ　起債は予算で定められた限度内で行われているか。

シ　起債の目的、方法、借入先、利率、時期、限度額、償還の方法等は適切であるか。

また、会計年度内の歳入をもって償還しているか（公営企業にあっては1年以内の借換えの理由、金額は適当であるか）。

ス　一時借入金の運用及び各会計間における繰替使用は適正に行われているか。

セ　予算の流用や予備費の充用の理由は適切な理由・手続であるか。

ソ　予算の議決前に執行しているものはないか。

2　収入事務

ア　収入の根拠となる規定（条例等）は定められているか。定められていない場合、条例等の新設が必要でないか。

イ　前年度の収入未済額が確実に調定されているか。起案漏れしていないか。

ウ　過大徴収、過少徴収、算定誤りなど、調定の金額に誤りはないか。

エ　調定手続を忘れたまま収入されているものはないか。調定漏れしていないか。

オ　調定の時期や手続は法令等に適合しているか。

カ　収入の消込み誤り、漏れ、遅延などはないか。

キ　適切な収入科目で処理されているか（国庫補助金を誤って都道府県補助金で処理するなど）。

ク　過誤納金の還付手続は適正に行われているか。還付の過払いなどはしていないか。

ケ　減免等は条例、規則等に基づき適正に行われているか。減免基準を改善する余地はないか。

コ　不納欠損した場合の理由は妥当であるか。消滅債権の未整理、時効の起算点誤りなどはないか。また、時効完成を待たず不納欠損処分をした場合、その理由は正当であるか。

サ　延納、分納、徴収停止の措置は適正であるか。

シ　指定代理納付者による収納手続は適正に行われているか。

ス　課税漏れあるいは誤謬賦課のものはないか。

セ　誤謬発見後の処理は、適正に行われているか。

ソ　賦課事務で遅延しているものはないか。

タ　非課税、減免、課税免除、不均一課税及び納期限延長等の手続は、法令等の規定に基づいて適正に行われているか。

チ　不申告及び過少申告に対する処理は適正に行われているか。

ツ　収納率低下の場合、その原因の把握や対策は適切に行われているか。

テ　督促、催告及び時効の完成猶予又は更新の手続は、適時かつ適正に行われているか。

ト　徴収率が低下した場合、その原因の把握や対策は適切に行われているか。

ナ　滞納者に対する督促や滞納処分は、適時かつ適正に行われているか。必要に応じ徴収猶予及び換価猶予の措置がとられているか。

ニ　現金出納簿は、遅滞なく正確に記帳されているか。

ヌ　出納員その他の会計職員の任命手続は適正に行われているか。また、会計規則等の出納員等に定められていない者が現金を取り扱っていることはないか。

ネ　窓口業務で1日の現金収支が一致しなかった場合、どのように処理するかマニュアル等を定めているか。

ノ　収納金は適正に保管されているか。

ハ　収納金は遅滞なく指定金融機関等に払い込まれているか。

ヒ　釣銭資金の設定や取扱い、保管は適正に行われているか。また、私金で代用していることはないか。

フ　領収書の取扱いは適正に行われているか。また、領収書の金額や日付等の訂正、領収印の押印漏れ、使用済み原符の欠番、書き損じ分などはないか。

3　支出事務

ア　必要以上の支出、不要不急の支出など、不経済な支出を行っているものはないか。経費を節減できるものはないか。

イ　実績報告を確認せず、事実と相違した支出をしたり債務が消滅したりしているものなどや、違法又は不当な支出をしているものはないか。

ウ　私的購入、二重支払、債権者誤りなど、不適切な支出を行っている
ものはないか。

エ　支出負担行為は、法令や契約日に照らして適正な時期であるか。支
出負担行為を起票するのを忘れているものはないか。

オ　複数年度にまたがる支出負担行為の場合、適切な金額で設定されて
いるか。

カ　資金前渡や概算払いで支出した場合において、精算は正しく行われ
ているか。

キ　支払期限は守られているか。事務手続の遅延等により、支払遅延が
生じ、遅延利息（延滞金）が生じているものはないか。また、請求書
の請求日が履行確認日から相当経過し、履行時期と支払時期の間隔が
あき過ぎているものはないか。

ク　請求書や領収書の金額、日付等に改ざんは見られないか。

ケ　宗教上の組織もしくは団体の使用、便益もしくは維持のための支出
又は公の支配に属しない慈善、教育もしくは博愛の事業に対する支出
はないか。

コ　経済性を追求するあまり安全性の低下が発生しているものはないか。

4　その他

ア　事務処理の手続に改善の余地はないか。最少の経費で最大の効果を
挙げるようにしているか。

イ　業務量や職員数は、適正に配分されているか。

ウ　内部統制制度が整備され、有効に機能しているか。内部統制の不備
など、内部統制を強化すべきものはないか。

エ　現金（前渡資金、概算払金、釣銭、窓口保管金を含む）、有価証券
等の保管及び取扱いは適正に行われているか。また、確実かつ有利な
方法により保管されているか。

オ　資金計画は適正であるか。また、資金運用は円滑に行われているか。

カ　各種の帳簿及び書類は、法令や例規等に定められた様式が使用され
ているか。また、帳簿等の整備・記帳、各種証拠書類の整理保存等は、

適正に行われているか。

キ　各種の帳簿の計数は、関係帳簿類の計数と符合しているか。

ク　歳入歳出外現金の取扱方法に問題はないか。

ケ　時効完成等によりすでに消滅した債権が、未整理のままになっているものはないか。

コ　議会の議決事項になっているものはないか。議会の議決を経ているか。

サ　法令や行政手続条例に基づく処理期間で許可、認可、承認等の事項が処理されているか。

シ　時効の生じているものはないか。消滅債権の未整理、時効の起算点誤りなどはないか。

ス　国庫補助金、都道府県補助金が受入超過となった事実がないか。

セ　国庫補助金、都道府県補助金の精算において計算誤りしているものはないか。

ソ　滞納金があるにもかかわらず還付しているものはないか。

タ　過誤納還付金の算出で誤っているものはないか。

チ　過誤納還付金で時効により支出義務の消滅しているものはないか。

ツ　現年度分の過誤納金につき償還金として支出しているものはないか。

テ　資金前渡の支出において、精算は正しく行われているか。

ト　食糧費の支出において、証拠書類は添付されているか。報告された日時、出席人員、請求金額等は証拠書類と一致しているか。

ナ　食糧費の支出は社会通念に照らして適切であると判断できるか。

次からは、主要なものを選び、詳しく見ていきます

監査のポイント①
委託料の場合

1 委託理由の是非

> 委託の理由が業務の性質上、合理的又は有効なものであるか。

　業務を委託するには、地方自治体が直接業務を行うよりも、何らかのメリットがあることが想定されるため、その理由がどのようなものであるかを次のような事項と照らし合わせて確認することが重要です。
　①住民へのサービス向上が期待できる
　②業務の効率性が図られる
　③高度な専門的技術が必要である
　④緊急性を要する
　⑤臨時的な業務

2 契約方式の見直し

> 現行の契約方式を見直しする余地はないか。

　現行の契約方式よりも、長期継続契約や指定管理者制度等を適用した方が業務の効率化や経費の削減も見込まれるような場合は、経済性や効率性の観点から契約方式を見直しするよう改善を促すことも大切です。
　長期継続契約については、地方自治法第234条の3の規定によれば、「電気、ガス若しくは水の供給若しくは電気通信役務の提供を受ける契約又は不動産を借りる契約」とあります。これについては、条例の定めを要する

ことなく長期継続契約を法的に活用することができます。また、その他に、地方自治法施行令第167条の17に基づき「翌年度以降にわたり物品を借り入れ又は役務の提供を受ける契約で、その契約の性質上翌年度以降にわたり契約を締結しなければ当該契約に係る事務の取扱いに支障を及ぼすようなもの」という要件を満たせば、条例で具体的に定めることができるので、各自治体の長期継続契約条例でどのような業務が対象となっているかを確認しておくことが大切です。

3　支払期限

委託料は定められた期限内に支払われているか。

支払の期限は、「政府契約の支払遅延防止等に関する法律」の規定が地方自治体にも準用され、支払請求を受けた日から30日以内と定められています（ただし、契約の当事者が契約書の作成を省略し、対価の支払時期を明らかにしないときは、支払請求を受けた日から15日以内となります）。それを過ぎると遅延利息が生じてきます。ここで注意したいのは、起算日は業務委託が完了した日ではなく、支払請求を受けた請求日であるという点です。また、債権者からいつまで経っても請求が行われない場合は，債権者に対して催促を行うよう、担当部署に指導することが必要です。

4　契約の分割

恣意的に契約を分割しているものはないか。

随意契約は、地方自治法施行令第167条の2第1項各号（公営企業については、地方公営企業法施行令第21条の14各号）に該当するときに認められています。

委託契約の場合は、都道府県及び指定都市では予定価格が100万円を超えないとき、指定都市を除く市や町村では50万円を超えないときに随意契

約によることができるとされており、この金額を上回る場合は入札の方法により契約を締結しなければなりません。

　しかし、入札の手間を省くために、契約を意図的に分割し、随意契約の限度額内におさめることがあります。恣意的に分割する行為は、本来必要であった入札行為を実施しなかったことになりますので、法令違反であることに加え、事前に特定の業者と調整を行っていることも考えられ、契約の公正性も疑われてきます。このような行為が発見された場合は、その理由に正当性や客観性があるかを事実確認し、厳格に対応する必要があります。

5　実績の確認

> 委託業務の実績に基づいた支出が行われているか。

　自然災害、感染症等で当初予定していた業務が中止あるいは取り止めになった場合には、委託業務の内容も当初のものから変わってきているので、変更契約を締結し、委託金額も実績に基づいて算定したものに改める必要があります。

　担当部署が実績報告書をしっかり確認せずに支出していることも、定例的なものでは見かけたりすることがありますので、委託内容の履行確認がしっかり行われているか、監査でチェックすることが大切です。また、契約等に反し、受託業務の全部を再委託しているものがないかも併せて確認しましょう。

監査のポイント②
工事請負費の場合

1 契約の分割

> 恣意的に契約を分割しているものはないか。

随意契約が認められるのは、地方自治法施行令第167条の２第１項各号（公営企業については、地方公営企業法施行令第21条の14各号）に該当するときになります。

工事請負契約の場合は、都道府県及び指定都市では予定価格が250万円を超えないとき、指定都市を除く市や町村では130万円を超えないときに随意契約によることができるとされており、この金額を上回る場合は入札の方法により契約を締結しなければなりません。

１つの工事を分割して工事請負契約を締結しなければならない合理的な理由があれば、分割しても差し支えないと解されています。

ここでいう合理的な理由とは、技術的に分離又は分割して発注することがやむを得ない場合、例えば工事の一部に特殊な技術を要し、技術的に分割することがやむを得ないような場合や、工期との関係で分割しなければ期限までに工事が完成しない場合（工事を２つ以上の工区に分割してそれぞれ別の業者に請け負わせないと年度内に工事が完了しない場合）など分離又は分割発注することもやむを得ない場合が考えられます。また、受注機会の確保といった観点から、分離発注、分割発注を行うことが考えられます。

しかしながら、入札を逃れるために、金額を下げたり、分割したりすることは、本来、入札が必要とされる法令の規定の趣旨に反した脱法行為に

相当しますので、住民監査請求が提出される可能性があることも考慮し、理由の事実確認はしっかりと行い、厳正に対処することが求められます。

2 支払期限

> 工事請負費は定められた期限内に支払われているか。

工事請負費の支払期限は、「政府契約の支払遅延防止等に関する法律」の規定が地方自治体にも準用され、支払請求を受けた日から40日以内と定められています。それを過ぎると遅延利息が生じてきます。委託料と同様に、起算日は工事が完了した日ではなく、支払請求を受けた請求日である点に注意が必要です。

ただし、契約の当事者が契約書の作成を省略し、対価の支払の時期を明らかにしないときは、支払請求を受けた日から15日以内となります。

また、債権者からいつまで経っても請求が行われない場合は、債権者に対して催促を行うよう、担当部署に指導することが必要です。

3 検査の期限

> 定められた期限内に竣工検査が実施されているか。

検査の時期に関しては、「政府契約の支払遅延防止等に関する法律」の規定が地方自治体にも準用され、相手方から給付を終了した旨の通知を受けた日から、工事の場合は14日以内にしなければならないとされていますので、期限が遵守されているかを確認することが必要です。

ただし、契約の当時者が契約書の作成を省略していた場合は、相手方から給付した旨の通知を受けた日から10日以内となっています。

4　年度末の会計処理

> 工事が3月末に完成したが、竣工検査が次年度の4月となっている場合の会計処理は、適正に行われているか。

　地方自治法施行令第143条第1項第4号の規定では、工事請負費等で、相手方の行為の完了があった後に支出するものは、当該行為の履行があった日の属する年度で会計処理することが定められています。

　さらに、契約の確実を期するため、民法第533条の同時履行の原則により、工事完了（履行）を確認するための検査を受けた後に契約代価を支払うことになっています。

　したがって、履行の確認の検査を行った日が4月であれば、会計処理は新年度で行うことになりますので、適正に処理が行われているか確認することが必要です。

5　工事と修繕の違い

> 工事と修繕の違いが明確に定められているか。

　工事請負費とは、土地や工作物の造成、製造及び改造の工事に要する経費又は工作物等の移転及び除却の工事等に要する経費をいい、請負により何らかの価値や効用を増加させる場合に設定されます。これに対して修繕料とは、小規模で本体の維持管理、原状復旧を目的とする場合に設定されるものです。

　この2つの差異については、各々の地方自治体の実情に応じて自主的に決めて差し支えないとされていますが、工事と修繕の違いが曖昧であり、明確な基準を定めていないのであれば、全庁的に統一したルールを策定するよう指導することが必要です

6 前払金・中間前払金

前払金や中間前払金の支払金額は、適当であるか。

前払金制度は、契約内容の履行完了前に一定額を債権者に支払う制度であり、契約額の4割を超えない範囲で前払金の支払をすることができます（地方自治法施行規則附則第3条第1項）。

また、工期の2分の1を経過している、工事の進捗出来高が請負金額の2分の1以上に達しているなど、一定の要件を満たす場合には、さらに、契約額の2割額を超えない範囲で中間前払金を支払うことができます（地方自治法施行規則附則第3条第3項）。

監査のポイント③
旅費の場合

1 旅費計算

> 旅費の計算は、最も経済的な通常の経路により行われているか。

　旅費は、公務上、出張や出席が命じられた職員や附属機関の委員等に対して、地方自治体から支給される金銭給付をいい、実費弁償である点で、勤務の対価である給料・諸手当と区別されます。しかし、実費というものの現実に要した費用を厳密に計算するのではなく、一定の規準で定められ、標準化された経費が基礎として算出されます。

　旅費の支給については、当該自治体の旅費に関する規程等で定められているので、適正に処理されているかを確認し、旅行の行程表から最も経済的な路程により算出されているかについて旅費計算ソフトなどを活用し、確認することが必要です。

2 旅費余剰金

> 概算払いで支給された旅費よりも安い費用で済ますことができた場合、返納しているか。また、行程表や交通手段に事実と異なるものはないか。

　予算執行科目の性質や運用例を掲載した解説本[7]をみると、旅費を受領する者の**節約**により余剰金が生じた場合は、返納する必要はないとされています。したがって、0円で精算払いの処理がされていたとしても、問題

があるとはいえません。

　しかし、バスや電車などの交通手段を利用していないにも関わらず、利用しているという虚偽の事実があった場合は、それは節約の範疇にあるとはいい難く、実際の事実に基づいて、処理することが望ましいと考えます。

3　資金前渡と概算払い

> 　直接、旅行する職員に対して、旅行前に旅費を支出する場合、「資金前渡」と「概算払い」の処理方法の違いを誤っていないか。

　資金前渡と概算払いは、地方自治体の支出の特例の一つとして地方自治法に規定されているものです（地方自治法第232の5条第2項）。

　このうち「資金前渡」は、地方自治体の職員に対し概括的に資金を支給する制度であり、債権者は確定していても未確定でもよく、資金前渡された職員は、交付を受けた経費の目的に従って債務を負担し、その債務を履行するために、正当な債権者に対して現金をもって支払いを行います。

　一方、「概算払い」は、債権者は確定していますが、債権金額が未確定の場合に、その支払うべき債権金額の確定前に支出することをいいます。概算払いは、債権金額の未確定のものについて事前に支出するものであるため、事後において必ず精算を伴い、多すぎた場合は返納を、不足の場合は追加支払いをすることになります。

　したがって、旅行する職員（債権者）が確定しており、直接旅行する職員に対して支出する場合は、「概算払い」によることが適当ですが、債権者が未確定のままで旅費をあらかじめ職員（旅行する職員でない者）に支出し、旅行者が確定してはじめて支払をするという場合であれば、資金前渡の方法も考えられます。

　なお、資金前渡と概算払いを比較すると**図表5-3**のようになります。

図表5-3　資金前渡と概算払いの比較

支出方法	支出の相手方	債権者	債権金額	履行期限
資金前渡	地方自治体職員 （その後債権者に支払う）	未確定	確定又は未確定	未到来
		確定	確定	
概算払い	債権者	確定	未確定	未到来

4　旅行の命令権者

> 旅行命令権者に誤りはないか。また、その根拠が明確に定められているか。

　旅行命令権者については、専決代決規程あるいは事務決裁規程という名称の例規に規定されるものになります。部長や課長が出張する際は誰が決裁権者になっているのか、出張の日数が一定の日数を超えるような場合は、課長決裁でよかったものが部長決裁になるなどの例外も示されています。監査を実施する際には、事前にどのようになっているのかを例規で確認しておくことが大切です。

　また、地方自治体の中には、誰が決裁権者になるのか明確に示されていないところもあります。

　例えば、監査委員が出張する際には旅行命令権者が誰になっているのでしょうか。実は、旅行命令権者が監査委員事務局長のところもあれば、代表監査委員のところもあり、地方自治体によって異なります。他にも、教育長が出張する場合は、市長が命令権者になるのかなど、その根拠がどこにも明記されていないという場合があります。

　本来なら専決代決規程や事務決裁規程などに定められていれば問題はありませんが、地方自治体の中には、例規上の規定がなく、各地方自治体の運用や慣習の中で行われていることがあります。

　もし、誰が決裁権者になるのか不明の場合は、例規で明確に根拠を示すように指導することも必要になってきます。

監査のポイント④
消耗品費・備品購入費の場合

1 消耗品と備品の違い

> 消耗品と備品の区別が明確であり、定められた基準で適切に処理されているか。

　地方自治法では、消耗品と備品を総称して「物品」という言葉で規定していますが、物品の分類については、「何を備品とし、何を消耗品とするかということは各地方公共団体が財務に関する規則で定めるべきであり、その限りにおいては、通常備品と思われるものであっても、適宜分類してさしつかえない」（昭38.12.19自治丁行第93号）とされています。

　したがって、消耗品と備品の違いについては、多くの地方自治体で物品分類基準等を制定し、明確化しているところではありますが、消耗品であるのか、備品であるのか判別の困難な物品を購入する場合は、しっかり基準等を確認して誤った支出項目で購入していないかを確認する必要があります。もし、基準等を設けていない場合は、基準等の制定を促す指導を行う必要があります。

　消耗品は、使用することによって消費、毀損、長期間の保存が難しいものを指すのに対し、備品は、形状を変化させることなく、長期間の保存、連続しての使用ができるものを指し、節レベルで区分しています。

　このため、単に金額が安いという理由で、本来備品に分類すべきものを消耗品とすることのないよう、また、逆も然りで、注意することが大切です。

2　恣意的な分割発注

> 納品日と発注業者が同一であるにもかかわらず、分割して発注されているものはないか。

　物品等を購入する際には、一定の金額以上（例えば5万円以上など）になると、公募型指名競争入札やオープンカウンター（自由参加型見積制度）を行うことが各地方自治体のルールの中で定められてはいます。しかし、入札等の手間を省きたいがために、入札等の対象金額に達しないように、物品等を恣意的に分割発注する場合があります。

　もし入札等が行われていれば、購入金額を下げることができた可能性もあるので、しっかり指導することが求められます。

3　納品の検収確認

> 物品を納品する際、注文した者とは別の者が検収確認しているか。

　過去の不正問題を振り返ると、業者に注文した者と物品を受け取る者が同一であることは、業者と結託し、購入に係る架空の取引をつくらせたり、虚偽の納品伝票を作成し、別の物品を購入したりできる環境をつくることにもなり、不正リスクの温床になっていたところがあります。

　不正リスクを事前に防止するために、物品の発注から納品、検収までのチェック体制をしっかり整備し、複数の目で確認できるよう、チェック体制の強化を図ることが求められます。

4　私的な購入

> 公費で購入することが認められていない物品を購入していないか。

　公費で購入することが禁止されている項目は、地方自治体によって異な

りますが、物品を公費で購入し、私的に活用しているという公私混同の事実が確認できれば、指導していくことも必要です。

　その背景を探ると、公費で購入することができない物品を明確化している地方自治体は、過去に何らかの不祥事があり、それを契機に基準等のルールをつくり、より厳しい統制環境を整備している傾向が見られます。

　例えば、合議などの決裁行為で使用する個人用のシャチハタ、机の上に置くデスクマット、のし袋などは公費で購入することが許されている地方自治体と許されていない地方自治体に分かれます。

　仕事上で必要なものであるから公費で購入するのは当然と思う人もいると思いますが、全国の地方自治体の中には、次のように、公費で購入することが認められていない地方自治体もあります。そのような地方自治体では、例えば、回議書の決裁等で使用するシャチハタは個人で購入したり、デスクマットなどはそれぞれの所属の中で私的に積み立てしている親睦会会計で購入したりしています。

　その他にも、次のような物品の購入が認められていない地方自治体があります。

【公費での購入が認められていない物品の一例】

> ・パソコン関係機器
> 　（マウス、キーボード、ディスプレイ、マウスパッド、キーボードカバー、パソコン架台等）
> ・デスクライト
> ・氏名票入れ
> ・シャチハタ
> ・デスクマット

5　差替え

> 納品書とは違う物品を購入していることはないか。

具体的には、公費での購入が認められていないものを購入したい場合や、備品購入費の予算付けがないため消耗品費で購入したい場合など、業者にお願いして納品書の品目内容を変えてしまう行為を「差替え」といいます。2009年（平成21年）に会計検査院が実施した「都道府県等における国庫補助事業に係る事務費等の経理の状況」の中で分類した類型の一つです。

　その中には、購入した物品を自宅に持ち帰り、私的に使用したとして懲戒免職処分に至ってしまった事件もありました。

　担当課から提出された書類上の監査だけでは発見することが難しいので、可能な範囲で担当部署での実地監査や業者への立入調査などを実施してチェックしていくことが求められます。

【参考】

　会計検査院は、2008年（平成20年）から3か年にわたり、すべての都道府県及び指定都市を対象として、実地検査を実施し、その結果、需用費（消耗品費）等において不適正な経理処理が行われていたことが発見され、次の5つに類型化して指摘しています。

①預け金	業者に架空取引を指示するなどして、契約した物品が納入されていないのに納入されたとする虚偽の内容の関係書類を作成することなどにより、需用費（消耗品費）を支払い、当該支払金を業者に預け金として保有させて、後日、これを利用して契約した物品とは異なる物品を納入させること。
②一括払い	支出負担行為等の経理処理を行わないまま、随時、業者に物品を納入させた上で、後日、納入された物品とは異なる物品の請求書等を提出させて、これらの物品が納入されたとする虚偽の内容の関係書類を作成することなどにより需用費（消耗品費）を一括して支払うこと。
③差替え	業者に虚偽の請求書等を提出させて、契約した物品が納入されていないのに納入されたとする虚偽の内容の関係書類を作成することなどにより、需用費（消耗品費）を支払い、実際には契約した物品とは異なる物品に差し替えて納入させること。

④翌年度納入	物品が翌年度以降に納入されているのに、支出命令書等の書類に実際の納品日より前の日付を検収日として記載することなどにより、物品が現年度に納入されたこととして需用費（消耗品費）を支払うこと。
⑤前年度納入	物品が前年度以前に納入されていたのに、支出命令書等の書類に実際の納品日より後の日付を検収日として記載することなどにより、物品が現年度に納入されたこととして需用費（消耗品費）を支払うこと。

6　年度末の予算消化

年度末に近づくと、大量に物品を購入していることはないか。

【解説】

　地方自治体の中には、不用額が多いと、次年度の予算編成査定でカットされてしまうかもしれないと思い、与えられた予算を使い切ろうとする慣習が未だに残っているところがあるかもしれません。

　もしも、本来、必要のないものまで購入しているとしたら、それは経済性に反し、無駄な公金の支出につながりますので指導することが必要です。

　その際、支出伝票を1枚ずつ調べるよりは、年間を通して物品の購入実績がどうなっているかがわかる資料を作成し、俯瞰的にチェックすると確認しやすくなります。

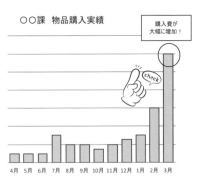

監査のポイント⑤
補助金の場合

1 補助金の支出根拠

> 補助金の支出にあたり、規則や要綱等が定められていないものはないか。

　補助金とは、地方自治体が「公益上必要であると認めた場合に支出するものである」と定められています（地方自治法）。公益上必要であるかどうかの認定は、地方自治体の首長又は議会であり、認定の判断には客観的にみても、社会的見地からも認められていることが求められてきます。

　予算書は、議決を経て承認された予算金額を科目別にまとめたものであり、補助金の交付対象や算定方法等を明記したものではありません。補助金等の交付手続について、要綱等を定めるのは絶対的な条件ではなく、定めがないからといって違法という問題が生じるわけではありませんが、交付手続や補助金額、算出方法等を明確にすることによって、地方自治体の公金の支出がずさんになるのを防ぐために、要綱等を定めておくことが望まれます[8]。したがって、もし個別の補助金要綱等が整備されていなければ、要綱等を制定するように助言することも求められます。

2 補助団体の実績報告の確認

> 団体への補助金の支出について、実績報告の確認がしっかり行われているか。

補助金の不正受給については、後を絶たず、現実的にどこの地方自治体でも起こり得ることです。特に、補助金の中には、実績報告を提出させて、内容を確認してから補助金を交付する方法以外に、事業が完了する前に概算又は前金で支出を行い、事業の完了後に実績報告を提出させる方法の場合、添付資料として補助金の使途を記した書類を添付させますが、担当課がチェックするのを怠り、長い期間、不正に受給していたのが判明するというケースがあります。

補助金の交付決定や確定のときは、より慎重な審査を徹底することが求められるとともに、監査でも必要に応じて、領収書などの証明書類や現地・現物の確認などを行うことが重要です。

3 補助金額の妥当性

> 補助金の算出は、合理的な基準により行われているか。

補助金は反対給付のない金銭的給付であるため、公益上必要と認められ、一度交付すると、既得権益化し、見直しされることがないまま継続してしまう傾向があります。

また、補助を受ける団体の中には補助金を頼りにして運営しているところもあり、地方自治体からの援助に依存するところがあるかと思います。

そこで、補助金の交付先の団体の繰越額を確認することで、もし繰越額が補助金額を大きく上回っていたり、年々増加しているという事実があれば、補助金額の妥当性について検証させたりすることも大事です。

4 補助金の交付時期や回数

> 補助金等の交付は、適切な時期及び回数で行われているか。

補助金の交付を事業の完了前に交付するのか、事業の完了後に交付するのか、要綱等で確認する必要があります。また、補助金の種類によっては、

複数回に分けて交付する場合もありますので、監査を行う中で、要綱等でどのような状況になっているのかを確認することはとても重要です。要綱等を確認しなかったために、長きにわたり、要綱等とは違うやり方で行われていたというのはあり得る話ですので、しっかり確認するようにしましょう。もし、要綱等が定められていない場合は、何を根拠として交付しているのかを明確にするため、要綱等を整備するよう注意を促す必要があります。

5　補助金の効果

> 補助金の目的・成果が検証されているのか。

　いつから補助金が制定されているかを監査様式等で確認し、長い期間、地方自治体内部で補助金の必要性等について検証もされていなかったとしたら、補助金によってどのような効果があったのかを検証することを促すことはとても大事なことです。地方自治体によっては３年くらいのサイクルで定期的に外部の審査員による補助金の必要性に関する審査を行っているところもあります。

　その中で、補助金の当初の目的は達成されているにも関わらず、惰性的に補助金を継続しているケースもあるかもしれません。また、補助金のニーズも変化し、申請件数も減少傾向になっているものもあるかもしれません。補助金の目的や成果を検証することは、とても重要です。

42

監査のポイント⑥
契約の場合

　契約に関する監査の着眼点と監査手続（確認方法）等は、以下のとおりです。

着眼点	監査手続（確認方法）等
契約内容が当該自治体の方針に基づいて行われているか。	・各自治体で定める要綱、要領、指針、ガイドライン等をしっかり確認し、契約内容が適切に作成されているかを確認する。 （例）障害者支援調達指針、グリーン購入指針など
議会の議決に付すべき契約ではないか。	・工事又は製造の請負 　「都道府県」…５億円以上 　「指定都市」…３億円以上 　「その他の市」…1.5億円以上 　「町村」…５千万円以上 ・動産・不動産、不動産信託の受益権の買入・売払 　「都道府県」…土地面積２万 m^2 以上、金額７千万円以上 　「指定都市」…土地面積１万 m^2 以上、金額７千万円以上 　「その他の市」…土地面積５千 m^2 以上、金額２千万円以上 　「町村」…土地面積５千 m^2 以上、金額700万円以上 ・翌年度以降経費の支出を伴う契約 　継続費の総額や長期継続契約、繰越明許費の範囲内におけるものを除くほか、翌年度以降に経費の支出を伴う契約がある場合に、予算で債務負担行為を設定しているかを確認する。
入札方法の選択は適切に行われているか。	・各自治体のルールに基づいた手続を踏まえて入札方法を決定しているかを確認する。 ・事業の特性に応じた入札方法が選択されているかを確認

	する。
	・各契約方法の事務フローやマニュアルを作成し、事務的ミスの未然防止対策が図られているかを確認する。
入札の前の準備事務は適切に行われているか。	・予定価格や最低制限価格の算定は適正に行われているかを確認する。 ・設計書や仕様書が適正に作成されているかを確認する。 ・工事において、設計書金額の一部を正当な理由なく控除しているもの（歩切り）はないかを確認する。 ・総合評価落札方式の入札において最低制限価格を設定しているものがないかを確認する。 　指名競争入札に参加する者を指名する場合の基準に問題はないかを確認する。 ・制限付き（条件付き）一般競争入札の参加資格は適正に定められているかを確認する。
予定価格の設定は適切であるか。	・予定価格の積算に用いる価格は、実勢価格を参考に算定されているかを確認する。 ・実勢価格や前例価格など他の事例との比較検討が行われているかを確認する。 ・予定価格が適正でないと、工事の手抜きや安全対策の不徹底などが生じるリスクが高まるので注意して確認する。
事業者の選定は適切に行われているか。	・予定価格を超えた事業者を落札者としていることがないかを確認する。また、その場合、入札のやり直しを行っているかを確認する。 ・最低制限価格以下の入札であったにも関わらず、落札者が決定していることがないかを確認する。 ・入札不調にも関わらず、当初の条件を違法に変更しているものがないかを確認する。 ・プロポーザル方式で実施する場合、実施要綱に定めた評価基準を設定しないまま事業者を選定していることがないかを確認する。 ・指名競争入札において、実績のない業者を恣意的に選定していないかを確認する。 ・随意契約で特定の事業者に継続して発注しているものがないかを確認する。

工期の設定は妥当であるか。	・単年度契約にしたいため、無理な工期を事業者に要請しているものはないかを確認する。 ・複数年度の契約制度を活用し、工期の平準化が図られているかを確認する。
随意契約による場合、その理由は適正であるか。	・随意契約による場合は、原則として2人以上の者から見積書を徴しているかを確認する。 〈一者随契の場合〉 ・仕様書の変更等により入札ができる余地がないかを確認する。 ・長期間にわたって同一業者と契約している場合、法令や状況変化により競争性が生じていないかを確認する。 ・契約の相手方が主要な業務を再委託していないかを確認する。 ・特別な技術や機器等を有することを理由とする場合、一者しかないことを客観的に評価できるか確認する。 ・類似業務の近隣他都市の状況を調べる。
契約書に不備はないか。	・予算額を超える契約金額になっていないかを確認する。 ・契約日以前に着工しているものはないか。また、契約日の日付が空欄になっているものはないか。 ・契約者と契約の相手方が同一者であるなど、双方代理に抵触していないかを確認する。 ・決定権限を有しない者（課長等）による契約はないかを確認する。 ・収入印紙は契約金額に応じて貼付されているか。また、割印なしや、押印漏れなどがないかを確認する。 ・長期継続契約の場合、予算の削減又は減額があれば、契約の解除又は変更することができる「特約条項」が明示されているかを確認する。
契約代金や前払金の支払は適切な時期に適正に行われているか。	・契約書と支出命令書の内容を突合し、適切に行われているかを確認する。 ・前払金の査定が適当であるか、法令や各自治体の規則等で確認する。

透明性・競争性・公平性が確保されているか。	・意思決定のプロセスの透明性が確保され、組織全体のコンプライアンスに繋がっているかを確認する。 ・恣意的な指名、参加資格、契約分割などが行われていないかを確認する。 ・特定の事業者と契約する事件が発生していないか、参加事業者に公平な競争の機会が提供されているかを確認する。
法令や規則等に基づき、適正に契約が履行されているか。	・成果物その他実績報告書の内容を見て、契約内容と違った履行がなされているものがないかを確認する。 ・入札忘れ、契約未締結の予算執行、落札後7日を越える契約締結など、不適切な契約履行がされているものはないかを確認する。 ・契約日以前に着工しているものがないかを確認する。
契約の変更による事務手続は、適時かつ適切に行われているか。	・設計変更や追加変更などによる契約が変更した場合に、その事由及び契約金額の増減は適切な内容であるかを確認する。
1年を超えないが、年度をまたぐ契約で、長期継続契約を設定しているものはないか。	・長期継続契約で1年を超えない場合の取扱いを条例で定めているかを確認する。

43

監査のポイント⑦
財産の場合

財産に関する監査の着眼点と監査手続（確認方法）等は、以下のとおりです。

着眼点	監査手続（確認方法）等
備品は適切に管理されているか。	・備品台帳が整備（作成）されているかを確認する。 ・備品台帳への入力漏れや入力誤りなどがないかを確認する。 ・紛失、破損、盗難、廃品などの処理は適正に行われているかを確認する。また、売却、交換、譲与、貸付けに関する手続は適正に行われているかを確認する。
貯蔵品は適切に管理されているか（公営企業）。	・実地棚卸しの時期や実施方法は適切であるかを確認する。 ・実地棚卸し明細書が事実に基づき作成されているかを確認する。 ・保管状況（保管場所や保管方法など）が適切に行われているかを確認する。常備品で在庫切れとなっているものがないかを確認する。 ・未検収品は別に区分されて保管されているかを確認する。 ・貯蔵品の払出価格は適切であるかを確認する。 ・在庫現在高は帳簿残高と一致しているかを確認する。 ・長期間未使用であるものは、その必要性について確認する。 ・購入による受入記録が入庫伝票と一致しているかを確認する。
郵券は適切に管理されているか。	・郵券と受払簿を突合し、一致しないものがないかを確認する。 ・必要以上に購入しているものがないかを確認する。 ・担当部署において、定期的に郵券と受払簿の突合をして

	いるかを確認する。
現金は、適切に管理されているか。	・現金の収納や支出に関するチェックを複数人で行うなど、担当部署の確認体制がしっかり整備されているかを実査し、確認する。特に、1人の職員で現金を取り扱っているケースがないかを確認する。 ・現金の過不足が生じたとき、どのような処理が行われているかを確認し、マニュアルに定められているかを確認する。 ・現金や金庫等の就業中、就業後の保管場所は適正であるか、また保管場所は施錠されているかを実査し、確認する。 ・定期的に出納簿の残高と現物の有高との照合を行っているかを確認する。 ・各自治体で定めるルール等に基づかないつり銭の運用が行われていないかを確認する。
その他の資産は、適切に管理されているか。	・財産台帳が整備され、取得、処分、所管換え等の記録が正確になされているかを実査・確認する。また、財産台帳以外に別の台帳等で管理されているものがないかを確認する。 ・遊休化している財産がないかを確認する。 ・財産の貸付け（使用許可）の理由が適正であるかを確認する。また、貸付（使用許可）期間及び貸付（使用）料その他の貸付（使用許可）条件は適正であるかを確認する。 ・貸付（使用）料及び保証金の減免について、その理由及び金額が適正であるかを確認する。 ・公有財産の取得及び処分に伴う登記又は登録は、適正かつ適時に行われているかを確認する。 ・公有財産の増減は、取得、処分等に関する収入及び支出と対比して符合しているか。 ・公共施設の管理上の不備や、警備体制などに問題がないかを実査し、確認する。また、公共施設の老朽化などの対応がなされているかを確認する。 ・基金の運用から生じる収益は適切に処理されているかを確認する。 ・基金の取崩し手続が適正に行われているかを確認する。

財政援助団体等監査のポイント

【補助金等交付団体監査】

着眼点	監査手続（確認方法）等
補助金の交付要綱等は整備されているか。	・例規集で要綱等を確認する。又は、資料の提出を求める。
補助金等の交付目的は明確であるか。	・要綱等で補助金等の交付目的を確認する。
補助金という予算科目で支出することが妥当であるか。	・公益上の必要性があるか、委託料で支出するのが適当ではないか、その補助内容を確認する。
補助金等の受領団体の庶務経理事務を補助金を交付する所属（自治体内部）が自ら処理していないか。また、処理している場合、その内容や理由は妥当か。	・事務内容や現金管理が適切に処理されているかを確認する。
補助金等の金額の算定根拠は明確であるか。	・要綱等で算定方法について確認する。
補助金等の交付方法や時期、手続等は適正に行われているか。	・補助金の交付手続等に関する文書が要綱等で定める方法で正しく行われているかを確認する。
補助金等交付団体への指導監督は適切に行われているか。	・指導内容等の記録を調べ、担当者に質問する。
補助金等の交付目的や効果、又は公平性の観点から判断して、統合、廃止等の見直しをする必要のあるものはないか。	・補助金等の実績等から効果を分析する。
精算報告書の内容を担当部署が十分に確認しているか。	・実績報告書等の内容確認の有無を確認する。 ・領収書等証拠書類との突合を行う。

着眼点	監査手続（確認方法）等
補助金等の交付が既得権益化しているものはないか。	・補助金等の必要性についての見直しが行われたかを確認する。
補助金等により購入された団体の資産の管理状況を適切に監督しているか。	・担当部署の指導監督状況について質問・確認する。
補助金の対象事業は、当初の計画や交付条件に従って実施されているか。	・当初の計画どおり実施できなかった場合は返還の必要性もあるので、質問・確認する。
補助金交付申請書の提出及び補助金等の請求、受領は適時に行われているか。	・団体の予算書、決算諸表等と所管部局へ提出した補助金等の交付申請書、実績報告等が符合するかを確認する。 ・団体の補助金等に係る収支の会計経理について確認する。
補助金等が補助対象以外の事業に流用されていることはないか。	・実績報告の内容を調べ、確認する。
団体の現金、預金通帳等の管理は適切に行われているか。	・出納関係帳票等の整備・記帳状況を実査し、確認する。 ・領収書等の証拠書類の整備・保存状況について実査し、確認する。
補助金等の執行に関し、団体の内部統制は有効に機能しているか。	・団体の内部統制状況について質問・確認する。

【出資団体監査】

着眼点	監査手続（確認方法）等
出資団体の経営成績や財政状況に問題はないか。	・事業成績及び財政状況は適正に財務諸表等に表示されているかを確認する。 ・収益率及び財務比率は良好であるか分析する。 ・人件費の内容及び金額は事業規模と比較して適切であるか分析する。
所管部署は、出資団体の経営成績や財政状況を把握し、適切な指導監督を行っているか。	・所管部署は出資団体の経営成績や財政状況を十分に把握しているかを確認する。 ・指導記録を確認したり、指導状況について質問する。

株式又は出資による権利は財産台帳に登録され、決算書類に適正に表示されているか。	・財産台帳や決算書類を確認する。
団体の設立目的と合致しない事業があるか。	・定款や寄付行為等で設立目的を確認し、合致しない事業があるか質問・確認する。
団体の事業を阻害するようなマイナス要因はあるか。	・出資団体への実査を通して、質問・確認する。
定款や経理規程などの諸規程が整備され、最新の情報に更新されているか。	・出資団体が定める諸規程を確認し、分析する。
出資団体が定める諸規程に基づいた事務が執行されているか。	・規程等と照らし合わせながら事務手続等を確認する。
今後の事業運営の見込みは適切であるか。	・出資団体への実査を通して、質問・確認する。 〈例〉 ・中長期経営計画の策定状況 ・保有施設の改修計画と財源確保状況 ・借入金の返済財源と今後の返済見込み
事業の必要性が低下してきているものはあるか。	・出資団体への実査を通して、質問・確認する。
自主財源の確保に向けた取組みを行っているか。	・出資団体への実査を通して、質問・確認する。
繰越金、剰余金等は生じているか。	・出資団体への実査を通して、質問・確認する。 ・財務諸表等を分析する。
累積欠損は生じているか。	・出資団体への実査を通して、質問・確認する。 ・財務諸表等を分析する。
財務諸表等の項目で検討を要する改善事項がないか。	・財務諸表等を確認する。 〈例〉 ・貸借対照表に退職給付引当金、賞与引当金、貸倒引当金などは計上されているか。 ・物品の実地棚卸は実施しているが、貸借対照表に棚卸資産は計上されているか。

経理・庶務事務は適正に行われているか。	・出資団体への実査を通して、質問・確認する。 〈例〉 ・出納関係帳票の整備及び記帳 ・領収書等の証拠書類の整備及び保存 ・支払決裁者と送金担当者の分離 ・納品時の発注者と検収担当者の分離
現金、有価証券等のリスク管理は適切に行われているか。	・現金等の取扱いや有価証券の保管等について実査し、確認する。 ・現金預金・投資有価証券についての通帳、残高証明書、証券会社保管書などの残高を確認する。
出資団体の現在ある内部組織を見直す余地はあるか。	・出資団体への実査を通して、質問・確認する。 ・出資団体が抱える課題や取り巻く環境を考慮して分析する。
出資団体の正規職員の年齢構成に課題はないか。	・出資団体への実査を通して、質問・確認する。
職員の資質向上を目的とした階層別研修は実施しているか。	・出資団体への実査を通して、質問・確認する。
事務費（光熱水費、役務費、使用料、賃貸借料等）の項目ごとに、削減のための対策を検討、実施した事例があるか。	・出資団体への実査を通して、質問・確認する。
事務処理に係る改善を実施した事例があるか。	・出資団体への実査を通して、質問・確認する。
出資団体の内部統制は機能しているか。	・出資団体の内部統制の整備・運用状況について質問・確認する。
出資団体の監事監査で指摘された事項はあるか。	・出資団体への実査を通して、団体の監査役や監事が有効に機能しているか質問・確認する。
出資団体が行う契約において、適切な契約手続が行われているか。	・特定の業者との随意契約がある場合に、経済性や透明性の観点から問題がないか、質疑・確認する（特定の者への利益供与、

	役員等との利益相反取引等の疑いがない か注意する)。
イベント案内、機関誌、ニュース レターの配布先、部数等は適切で あるか。	・出資団体への実査を通して、在庫状況 を質問・確認する。
公益法人会計基準適用団体の場 合、公益法人会計基準に照らした 運営が行われているか。	・公益法人会計基準に基づいた事業運営 が行われているか質問・確認する。 〈例〉 ・認定を受けた公益目的事業との整合性 ・事業の開放性(身内の閉鎖的なものが ないか) ・変更認定の対象となるような事業の変更、 新規事業の有無

【公の施設の指定管理者監査】

着眼点	監査手続(確認方法)等
指定管理者制度の導入効果がある のか。	・直営の場合と比較して、コスト削減や 利用者数の増加などがあるか分析する。
公募を行わないで指定管理者を選 定した場合、その選定理由に説得 力はあるか。	・選定理由について分析し、広く住民が 納得のいく理由であるか確認する。
指定管理者の経営成績や財政状況 に問題はないか。	・事業成績及び財政状況は適正に財務諸 表等に表示されているかを確認する。 ・収益率及び財務比率は良好であるか分 析する。 ・人件費の内容及び金額は事業規模と比 較して適切であるか分析する。
所管部署は、指定管理者の経営成 績や財政状況を把握し、適切な指 導監督を行っているか。	・所管部署は指定管理者の経営成績や財 政状況を十分に把握しているかを確認す る。 ・指導記録を確認したり、指導状況につ いて質問する。

協定書、仕様書、募集要項、情報セキュリティ特記事項、事業計画書等に従って業務履行されているか。	・協定書等が遵守されているか実査し、質問・確認する。
協定書等に反して、業務の全部を一括して、第三者に再委託しているものはないか。	・指定管理者への実査を通して、再委託の有無を質疑・確認する。
業務を実施するにあたり、十分な安全管理・環境配慮がされているか。	・指定管理者への実査を通して、安全管理等への実施状況を質疑・確認する。 ・施設点検を定期的に行っているか質疑・確認する。
災害時の対応についてマニュアルが整備され、充分な訓練が行われているか。	・指定管理者への実査を通して、マニュアルの整備状況等を質疑・確認する。
事件・事故時の対応に関するマニュアルが整備され、周知されているか。	・指定管理者への実査を通して、マニュアルの整備状況等を質疑・確認する。
個人情報の保護に関して必要な措置を講じているか。	・指定管理者への実査を通して、措置状況を質疑・確認する。
備品の取扱いに関する事項は適切に記載されているか。	・指定管理者への実査を通して、取扱状況を質疑・確認する。
法定点検が必要な施設、設備等で、定められた時期に適切に行われているか。	・指定管理者への実査を通して、実施状況を質疑・確認する。
利用料金制の採用により、利用者へのサービス向上につながっているか。また、採用していない場合は、サービスの向上のため利用料金制を採用する余地がないか。	・施設の利用者数を調べ、分析する。
利用料金を指定管理者が設定する場合、あらかじめ地方自治体の承認を得ているか。	・利用料金の設定に関する証拠書類を確認する。

利用料金の減免で、減免条件に該当していないものを認めているものはないか。	・指定管理者への実査を通して、減免関係の書類を確認する。
地方自治体に使用料等を納めることになっている場合、納付時期、納付金額及びその計算根拠は適正か。	・指定管理者への実査を通して、納付状況等を質疑・確認する。
利用促進及び利用者サービスの向上のための取組みは行われているか。	・指定管理者への実査を通して、取組み状況を質疑・確認する。
協定書、仕様書等で定められた範囲を超える内容を行っていないか。	・指定管理者への実査を通して、実施内容を質疑・確認する。
本来、市が実施すべき修繕等を放置しているものはないか。又は指定管理者の費用で実施させていないか。	・指定管理者への実査を通して、支払状況を質問・確認する。
指定管理者の他の事業との会計区分は明確になっているか。	・指定管理者への実査を通して、会計処理状況を質疑・確認する。
公の施設の管理に係る出納関係帳票等の整備及び記帳は適正になされているか。	・指定管理者への実査を通して、会計処理状況を質疑・確認する。
領収書等の証拠書類の整備及び保存は適切に行われているか。	・指定管理者への実査を通して、会計処理状況を質疑・確認する。
事業報告書は適正に作成され、期限内に提出されているか（管理業務の実施状況及び利用状況、料金収入の実績や管理経費の収支状況等）。	・事業報告書の提出時期を協定書等と照らしながら、質問・確認する。
施設及び設備の維持管理は、仕様書等どおり適切かつ効率的に行われているか。	・指定管理者への実査を通して、実施状況を質問・確認する。
協定書等により貸与された物品の管理及び処分は適正になされているか。	・指定管理者への実査を通して、実施状況を質問・確認する。

指定管理者が行う契約において、適切な契約手続が行われているか。	・特定の業者との随意契約がある場合に、経済性や透明性の観点から問題がないか、質疑・確認する（特定の者への利益供与、役員等との利益相反取引等の疑いがないか注意する）。
イベント案内、機関誌、ニュースレターの配布先、部数等は適切であるか。	・指定管理者への実査を通して、在庫状況を質問・確認する。
公益法人会計基準適用団体の場合、公益法人会計基準に照らした運営が行われているか。	・公益法人会計基準に基づいた事業運営が行われているか質問・確認する。 〈例〉 ・認定を受けた公益目的事業との整合性 ・事業の開放性（身内の閉鎖的なものがないか） ・変更認定の対象となるような事業の変更、新規事業の有無

行政監査のポイント

1 行政監査の対象

　財務監査（定期監査）が財務に関する事務の執行及び経営に係る事業を対象としているのに対して、行政監査は一般行政事務そのものを監査の対象としているため、内部組織、職員の配置、事務処理の手続、行政の運営等[9] など、監査の対象は広範囲に及びます。

　法律上で実施することが義務づけられていない監査であり、業務に関する専門性が問われるため、監査委員事務局の人数が少ない地方自治体では、やりたいと思ってもできないというのが実情です。

　財務事務を伴わない行政事務は少なく、ほとんどの事業が密接に結びついているため、財務監査との区別が不明瞭で、その違いが非常にわかりにくいという指摘もあります。

　そこで、地方自治体の中には、行政監査として独立した形で実施することができなくても、あらかじめテーマを設定し、定期監査や随時監査に併せて実施しているケースも見られます。

2 テーマの選定

　行政監査の場合は、あらかじめ何をテーマに監査をするか設定しておかないと、いざ実施してみたら何もなかったでは、地方自治法で「特に必要があると認めるとき」と定められていますので、意味がありません。限られた人数や時間の中で実施するのですから、あらかじめテーマを設定することが重要になります。

　テーマの選定にあたっては、財務監査（定期監査）等を通して発見された問題や、改善が必要な事項が選ばれる傾向が強く、全庁に共通する組織横断的なテーマを監査するのにはとても有効です。

また、事務事業評価などの行政評価を実施している地方自治体では、行政評価の結果を活用すれば、効率的に課題（テーマ）を抽出することも可能です。

例えば、静岡県富士市では、行政評価の結果を活用しながら、特定の事業を深く掘り下げて調査・検証を行う行政監査を実施しています。行政評価の結果を次に掲げる5つの視点からチェックし、該当したものをいくつか抽出して、その中からテーマを選定しています。

①市民の安全を脅かすような重要なリスクが潜在するもの

②市民の生活に影響を及ぼすようなもの

③目標の達成度合いが低調なもの

④行政内部の統制活動に問題があるもの

⑤その他総合的な視点から監査が必要であると判断したもの

行政評価との連動に関する可能性については、行政監査の制度導入の頃から議論があり、行政監査と行政評価との関係性については、有用な関係であるという支持もあり、かつては三重県や横浜市が実施していたこともあります。

3　監査の着眼点

行政監査のテーマとして、多くの地方自治体で選ばれているものは、スポーツ施設・図書館・博物館・公園施設・市営住宅などの「施設の管理・運営」、工事・委託・随意契約などの「契約手続」、各種団体への補助金交付事務や貸付金事務などの「補助金・貸付」、現金の取扱い・物品・公用車・行政財産の目的外使用などの「現金・財産管理」をテーマにしたもの、その他各地方自治体において主要となる施策や事業になります。

そのため、監査の着眼点については、選んだテーマの内容によって着眼点も大きく異なってくるため、前述した経済性・効率性・有効性の着眼点や、他の地方自治体で過去に実施された行政監査の着眼点などを参考に、独自の視点を加えたりすることが必要になってきます。

§行政監査と行政評価の関係

　行政監査と行政評価については、以下のように共通する部分も多く、密接な関係があります。

行政監査

行政事務が最少の経費で最大の効果を挙げるよう執行されているかを経済性・効率性・有効性という視点から監査する。

行政評価

施策や事務事業の達成目標を具体的な数値（指標）で示し、評価することにより、予算編成や業務改善などに活用する。

〈共通点〉
①実績を監査（評価）するという点
②共通の監査（評価）の着眼点が存在する点
　（経済性・効率性・有効性）
③監査（評価）結果を今後の改善・見直しに活かす点

行政監査と行政評価は密接な関係を持つ

　逆に、相違点としては、行政評価が指標等を用いて業務全体を広く浅く評価し、その達成度合いなどを常時チェックするものであるのに対して、行政監査は特定の事業を深く掘り下げて調査・検証し、改善のための助言を行うというところに違いがあります。イメージ的には、行政評価を定期的に行う「健康診断」と例えるならば、行政監査はより深く調べる「精密検査」のような役割があります。

　行政評価で、2次評価として外部の第三者による評価が行われず、担当部署の自己評価だけでは、評価の妥当性・客観性という点で課題があるため、監査委員による監査（評価）が行われると、評価の妥当性・客観性は向上します。そういう意味では、行政監査には行政評価を補完する機能があります。

4　監査の方法と結果

　監査で求められる着眼点の中に、経済性・効率性・有効性の３Ｅがありますが、施策や事務事業を監査のテーマとして設定していた場合には、特にこれらの３つの着眼点が求められてきます。

　しかし、最少の経費で最大の効果を挙げているかどうかを判断するには、代替えとなるものを検討し、それと比較する必要性が生じることもあり、難しいところがあります。

　監査では当該施策を採用したこと自体の是非を判断することは求められていないので、意見の程度にもよりますが、業務の改善に繋げることに重点を置き、改善に活かせるような助言的な意見を述べることは大切です。

　そのためには、監査からの意見に納得させられるようなデータ（事実）の提示や、今後の自治体経営に役立つような監査結果を提示できるかが鍵となります。

　行政監査については、財務監査の運用次第で行政監査的な財務監査で行うことも可能であるなど、未だその手法が確立されておらず、業績に関する判断基準も存在しないため、経済性・効率性・有効性の観点から良好であるかどうかの判断がしにくい部分が確かにあります。

　しかし、他自治体との比較分析（ベンチマーキング）を行うなど、今まで気づかれなかった自らの団体の課題等を発見し、次の改善に活かせるようなコンサルティング（助言）ができるようになってくると、監査としての役割に大きな付加価値が生まれる可能性があります[10]。

例月出納検査のポイント

　例月出納検査の歴史を遡ると、明治時代に府県制において府県参事会により選出された委員や市町村会により選出された議員による実地出納検査が行われるなど、古くから類似した制度があり、地方自治法が制定されてから1963年（昭和38年）に地方自治法が改正される前までは**臨時出納検査**（抜き打ちの出納検査）もあるなど、形を変えながら現在の出納検査制度に至っています。

　地方自治法の制定当時は、会計課の金庫にも何億円という現金が保管されていて、現金の取扱いについても相当のリスクがありました。そのため、例月出納検査は、現金の収支に誤りがないか、正確性が求められ、現金残高が帳簿上の残高と一致していることをしっかり確認する必要がありました。

　しかし、現在では、銀行との決済がすべてオンラインになり、ほとんどが口座振込による支払になるなど、現金管理のリスクはかなり低減しています。

　そのため、検査の意義も創設当初のときと変わり、決算審査の「**期中審査**」のような位置づけで運用している地方自治体もあります。

　例月出納検査については、各々の地方自治体の財務会計システムや会計帳簿の様式の違いや電子決裁の導入状況により、検査方法も大きく異なりますが、ここでは、どこの地方自治体でも共通するような検査の着眼点を紹介します。

着眼点	監査手続（確認方法）等
収支計算書等の検査資料の数字は正しいか。	・検査資料の計数は諸帳簿の計数と一致するかを確認する。 ・前月末残高に当月分の収入、支出等を加減した額が検査資料の当月末残高と一致するかを確認する。 ・検査資料の計数は収支伝票の計数と一致しているかを財務会計システムを活用して確認する。 ・検査資料の計数は現金・預金・有価証券の保管状況一覧表の計数と一致しているかを確認する。
現金・預金・有価証券の保管状況一覧表は、実物と一致しているか。	・保管状況一覧表と実物を突合する。 ・取引金融機関の残高証明書と突合し、確認する。 ・現金、預金通帳、小切手用紙等の保管が適切に行われているかを確認する。
すべての借入金が会計帳簿等に記録されているか。	・取引金融機関の残高証明書と突合し、確認する。
過払、誤払、二重払い、立替払等の支払が行われていないか。また、資金前渡、概算払、前金払等の支払方法に誤りはないか。	・適正な支出科目及び支払方法で支出しているかを支出命令書で確認する。 ・支出命令書の金額は、請求書又は領収書の金額と一致しているかを確認する。 ・支出命令書の支払先が請求書の債権者であるかを確認する。 ・科目誤りの是正など、適正に振替処理が行われているか。
過払、誤払等による戻入が適正に行われているか。	・精算手続（過納又は誤納の処理）は適正に行われているかを確認する。 ・歳入還付に係る資金前渡の精算が遅延しているものはないかを確認する。
調定漏れはないか。	・検査資料の中で調定に対する収入割合が100％を超えているものはないかを確認する。

支出負担行為伺いの起票漏れはないか。	・検査資料の中で支出負担行為額に対して支出命令額が多いものはないかを確認する。
例年の歳出の執行状況と比べ、大きな増減があるものはないか。	・検査資料の中で、歳出の執行率で前年同月と比較して、大きな差があるものはないかを確認し、その理由を調べる。
例年の歳入の執行状況と比べ、大きな増減があるものはないか。	・検査資料の中で、歳入の収入率で前年同月と比較して、大きな差があるものはないかを確認し、その理由を調べる。

住民監査請求監査のポイント

　皆さんの自治体では、どのくらい住民監査請求が提出されますか。

　毎年、数件は提出されるというところもあれば、全く提出されることがないというところもあるなど、地方自治体によって大きく異なります。

　地方自治月報[11]の資料によれば、人口規模が大きいから住民監査請求の件数が多いというわけでもなく、人口規模が小さなところでも請求件数が多いところはあります。ある日突然に、住民監査請求が出てくるというのが実態です。

　住民監査請求が頻繁に提出される地方自治体では、マニュアルなども作成し、事務手続で悩んでしまうようなことはないかもしれません。

　住民監査請求がほとんど提出されることがない地方自治体では、具体的にどのように事務処理をしたらよいのかわからないということもあるかもしれませんが、住民監査請求は、住民訴訟が提起される前に経なければならない重大な手続（**住民監査請求前置主義**）であることから、細心の注意を払いながら、対応することが必要になってきます。

　他の監査等とは性質の異なる監査であるため、慣れていないとどのように対応すればよいかわからないこともあるかと思いますが、ここでは、住民監査請求の基本的な流れを押さえながら、具体的にどのように事務処理をしていけばよいか、その方法を確認するとともに、住民監査請求制度の意義等について説明していきたいと思います。

1　住民監査請求制度の意義

　住民監査請求制度とは、住民が違法又は不当な財務会計上の行為が長や職員によって行われていると思ったときに、監査委員に対して必要な措置を求める制度をいいます。

この制度が機能することで、地方自治体の財政運営（税金の使われ方）が適正に行われ、当該自治体の住民が不利益を被らないようにするねらいがあります。

　元々、地方自治制度の創設当初（1947年（昭和22年））から存在したものではなく、1948年（昭和23年）の地方自治法改正のときに、GHQ（連合国最高司令官総司令部）の要請により創られた制度であり、当初は「**納税者訴訟制度**」という名称でした。米国には、Taxpayer's suit という制度があり、それをモデルにしたとされています。

　地方自治体の財務会計行為をチェックできる権利を住民に付与することは、住民自治の見地から保障する必要があると考えたのでしょう。

　そして、この納税者訴訟制度が1963年（昭和38年）の地方自治法改正によって大幅に変わり、現在の原型となる住民監査請求・住民訴訟制度となりました。

　その後、1997年（平成9年）の地方自治法改正で「外部監査人による住民監査請求制度」、2002年（平成14年）の地方自治法改正で「暫定的停止勧告制度」、2017年（平成29年）の地方自治法改正で「職員賠償請求責任軽減制度」が導入され、現在に至っています。

2　住民監査請求が提出されたら、どのように対応したらよいのか

　住民監査請求が提出されてから、最終的に勧告等が決定されるまでの流れを示したものが次の**図表5-4**になります。

　請求書が提出されたら、記載上の不備がないか、事実証明書が添付されているかなどを確認し、補正する必要がなければ請求書を収受します。監査期間は、**収受日の翌日から60日間**[12]ですので、いつまでに、誰が、何を行うのかなどを記した**監査日程計画表**をつくっておくと、進捗状況の管理に役立つだけでなく、監査委員や事務局との間での情報共有にも繋がります。

　また、補正などの命令を行った場合、補正に要した日数は、監査期間から除いてよいものと解されています。

　そして、住民監査請求が行われる段階で、相当の理由（確実性）をもっ

図表 5 - 4　住民監査請求が提出されてからの主要手続の流れ

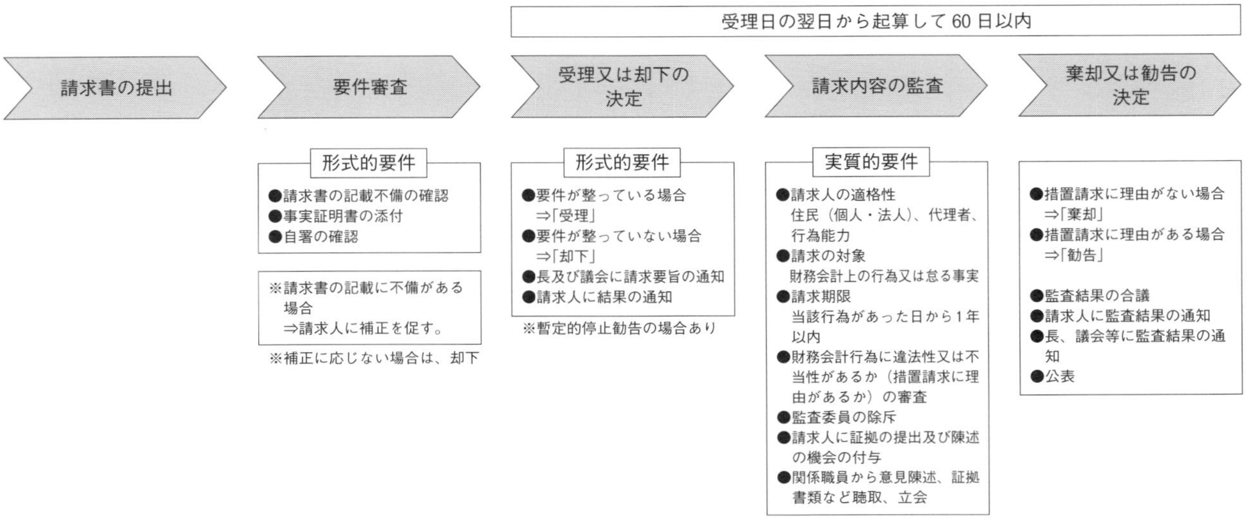

受理日の翌日から起算して 60 日以内

請求書の提出

要件審査

形式的要件

- ●請求書の記載不備の確認
- ●事実証明書の添付
- ●自署の確認

※請求書の記載に不備がある場合

⇒請求人に補正を促す。

※補正に応じない場合は、却下。

受理又は却下の決定

形式的要件

- ●要件が整っている場合
  ⇒[受理]
- ●要件が整っていない場合
  ⇒[却下]
- ●長及び議会に請求要旨の通知
- ●請求人に結果の通知

※暫定的停止勧告の場合あり

請求内容の監査

実質的要件

- ●請求人の適格性
  住民（個人・法人、代理者、
  行為能力
- ●請求の対象
  財務会計上の行為又は怠る事実
- ●請求期限
  当該行為があった日から1年
  以内
- ●財務会計行為に違法性又は不
  当性があるか（措置請求に理
  由があるか）の審査
- ●監査委員の除斥
- ●請求人に証拠の提出及び陳述
  の機会の付与
- ●関係職員から意見陳述、証拠
  書類など聴取、立会

棄却又は勧告の決定

- ●措置請求に理由がない場合
  ⇒[棄却]
- ●措置請求に理由がある場合
  ⇒[勧告]
- ●監査結果の合議
- ●請求人に監査結果の通知
- ●長、議会等に監査結果の通
  知
- ●公表

て財務会計行為が違法であると認められる場合、監査結果が決定するまで、当該財務会計行為を暫定的に停止するよう勧告することができます（**暫定的停止勧告**）。ちなみに、新聞記事で指摘される程度では相当の理由にはなりません。

　実際の監査に入ると、請求の対象となった財務会計行為の事務を担当した職員から、陳述を聴取し、書類等について調査することになります。場合によっては、学識経験者から意見聴取することもあるかもしれません。

　請求人には、証拠の提出や陳述の機会を与えなければなりません。請求人に陳述を行う意思がなければ、その旨文書でもらっておいた方がよいでしょう。

　陳述や調査結果が集約できたら、監査委員の合議により監査の結果を決定します。

　監査の結果は、次の**図表5-5**のように3つに分かれます。

図表5-5　住民監査請求監査の結果

種類	内容
却下	住民監査請求の実質的要件を満たしていないと判断した場合の行為をいい、その理由を付して、その旨を請求人に通知します。
棄却	監査の結果、理由がない（違法性や不当性がない）と判断した場合の行為をいい、理由がないと判断した旨を書面により請求人に通知するとともに、公表します。
勧告	監査の結果、理由がある（違法性や不当性がある）と判断した場合の行為をいい、期間を示して必要な措置を講じて勧告するとともに、当該勧告の内容を請求人に通知し、公表します。

3　住民監査請求は、そこの自治体に住んでいれば誰でもできるのか

　住民監査請求をできる人は、「普通地方公共団体の住民」とされています（地方自治法第242条第1項）。ここでいう「住民」には個人（外国人を含む）のほか、法人も含まれます。

　請求書が提出されたら、住民票等で当該自治体の住民であることを確認

するとともに、戸籍謄本等で行為能力があるかを確認するようにします。法人の場合は、本店の所在地が当該自治体に所在するかを登記簿謄本などで確認します。

　もし、請求人が住民票を有していない場合は、何らかの事情で転入届や転出届の手続をしていないことも考えられます。

　「普通地方公共団体の住民」とは、当該地方公共団体（特別区を含む。）の区域内に住所を有する者をいい、住所とは、民法上、生活の本拠地とされています。

　そのため、住民票を有していなくても、生活の本拠地が当該自治体の区域内であることを立証できるようなものの提出があり、確認することができれば、監査請求をすることはできると解されています。

4　未成年者でも請求することができるのか

　未成年者でも当該自治体の住民であれば請求することはできると解されていますが、未成年者の場合は、法定代理人（親など）の同意又は法定代理人による代理請求でなくては監査請求ができないとされています。

　そのため、法定代理人の同意がない場合や法定代理人による代理請求によらない場合は、却下事由となってきます。

5　代理人は住民でなくてもよいのか

　地方自治法では、代理人でも請求することができるかどうかについて、特に定められていませんが、委任状の提出など、請求人本人の意思が手続上明確であることが確認できれば、監査請求に民法の代理に関する規定が類推適用され、代理人による請求もできると解されています。

　かつて、当該自治体の住民ではない弁護士代理人が住民監査請求をした事案がありましたが、判決では特に判事されることもなかったことから、代理人は当該自治体の住民でなくてもよいと解されます（熊本地裁平成16年8月5日判決）。

6　請求書の書式は「監査請求書」ではなく、なぜ「措置請求書」であるのか

　住民監査請求制度の請求には、「監査の請求」以外に「措置を講じることを請求する」という意味が含まれ、どちらかといえば、職員等の違法又は不当な財務会計行為を予防・是正するねらいが住民監査請求にはあることから「措置の請求」となっています。

　そのため、所定の様式が示されている地方自治法施行規則の別記様式においても、「職員措置請求書」となっているのが確認できます。

7　住民監査請求では何を監査するのか

　住民監査請求の対象は、財務会計上の行為とされています。

　財務会計上の行為とは、①公金の支出、②財産の取得、管理又は処分、③契約の締結又は履行、④債務その他の義務の負担、⑤公金の賦課、徴収を怠る事実又は財産の管理を怠る事実などの行為をいいます。監査委員は、財務会計上の行為に違法性がないか（法令に違反していないか＝合規性）、又は不当性がないか（違法にまでは至らないが、適正な行政の観点から妥当性を欠いていないか＝適切性）について監査します。

　ここで注意しておきたいことは、住民監査請求監査は個人の権利や利益の救済が目的ではないということです。通常の監査であれば、相手に理解・納得してもらうことが重要となります。しかし、住民監査請求監査では、公

平性や中立性が強く求められるようになりますので、自治体側・住民（請求人）側、双方のどちらにも偏らず、バランスよく対応していくことが求められます。

8　直接請求による事務監査と住民監査請求の違いは何か

　直接請求による事務監査は、住民が地方自治体の行財政運営上の問題について、責任の所在と事業の適否を究明請求するのに対して、住民監査請求は、住民が地方自治体の職員による違法又は不当な行為により損失を被

ることを予防、是正することを目的としています。

　また、直接請求による事務監査は、選挙権者の50分の１以上の連署を必要とし、地方自治体の事務全般について監査を請求できるのに対して、住民監査請求は１人（単独）でも請求することができ、その範囲は財務会計上の行為や怠る事実に限られているという点が異なります。

9　請求人が外部監査人による住民監査請求を求めてきた場合、どうするか

　個別外部監査契約に基づく住民監査は、条例を設置し、住民監査請求について個別外部監査を締結できる旨を規定しておかなければなりません。

　したがって、条例を設置していない地方自治体では、住民監査請求についての個別外部監査を実施することができません。

　都道府県、指定都市及び中核市は、外部監査が義務づけられているので、条例を制定していますが、その他の市町村では平成30年３月31日時点で59に留まり、ほとんどの地方自治体で条例が制定されていない状況となっています[13]。

10　住民監査請求は、何年前の財務会計上の行為まで対象となるか

　住民監査請求は、財務会計上の「行為のあった日」又は「終わった日」から１年を経過するとできないこととなっています。具体的には、契約の締結日又は支出が終了した日から１年以内ということです。

　期間の計算については、地方自治法で定められていませんので、民法の規定により、当該行為のあった日又は終わった日の翌日から起算することになります。

　ただし、公金の賦課徴収や財産の管理を「怠る事実」に係る監査請求については、その性質上怠る事実が存するかぎり１年という期限の適用はありません。

　また、「正当な理由」があると認められるときはその限りではありません。ここでいう正当な理由とは、当該行為が秘密裏に行われたことで知ることが客観的に困難であった場合や、災害などで客観的・物理的に監査請求の提起ができない場合などをいいます。

11 監査結果に不服があるとき、どのようになるのか

　請求人は、監査結果に不服がある場合、住民訴訟を提起することができます。ただし、違法な行為又は違法な怠る事実に限られ、不当な行為又は不当な怠る事実は住民訴訟の対象となりません。

　提起できる場合とその期間は、**図表5-6**のとおりです。

図表5-6　訴訟を提起できる場合とその期間

区分	期間
住民監査請求の結果に不服があるとき	結果の通知があった日から30日以内
監査委員の勧告を受けた市長等の措置に不服があるとき	当該措置に係る通知があった日から30日以内
監査委員が60日以内に結果を示さないとき	当該期間を経過した日から30日以内
監査委員の勧告を受けた市長等が監査委員の示した期間内に必要な措置を講じないとき	当該期間を経過した日から30日以内

【注釈・参考】

1　「確実」であるかとは、自治省行政局行政課編『改正地方自治法詳説—新財務会計制度の解釈・運用』帝国地方行政学会（1963年）256頁において、「安全で危険のない確実な方法」と解されていることから「安全性」と定義します。

2　東信夫『会計検査院の検査制度』中央経済社（2011年）、83～84頁。

3　論者によっては、資源の投入から行政活動までを「経済性」、行政活動から行政サービスまでを「効率性」と示しているものもあります。そちらは東信夫（『会計検査院の検査制度』2011年、47頁）、又は拙著（『監査委員事務局のシゴト』2017年、64頁）を参照してください。

4　サッチャー政権の下、1983年に設立され、2015年に閉鎖された英国の地方公共団体の監査を支えた専門の独立機関をいいます。

5　地方財務研究会編『六訂　地方財政小辞典』ぎょうせい（2011年）、124頁参照。

6　松本英昭『新版　逐条地方自治法［第9次改訂版］』学陽書房（2017年）、894頁参照。

7　月刊「地方財務」編集局編『［七訂］地方公共団体歳入歳出科目解説』ぎょうせい（2011年）、201頁参照。

8　地方自治制度研究会編集『地方財務実務提要2』ぎょうせい、4211頁参照。

9　松本英昭『新版　逐条地方自治法［第9次改訂版］』学陽書房（2017年）、706頁参照。

10　静岡県富士市では、行政監査の対象として、施策や事務事業の中から毎年度1～2つ抽出し、行政評価等の結果やベンチマーキングを活用しながら、課題解決に向けた分析及び検討を行っています。業務の改善につなげることに重点を置き、分析結果から今まで気づくことがなかった課題等を発見し、次の改善に活かせるようなコンサルティング的な意見を心掛けている点が特徴です。

また評価結果をレーダーチャートで示しています。

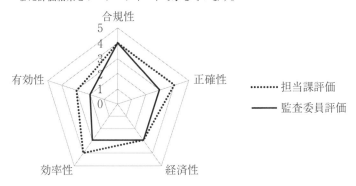

11　総務省『地方自治月報』59号「住民監査請求及び住民訴訟に関する調」（平成28年4月1日から平成30年3月31日まで）参照。https://www.soumu.go.jp/main_content/000610105.pdf（2022年3月28日時点）

12　監査期間の末日が土曜日、日曜日その他の休日にあたるときは、その翌日が監査の期限となります（民事訴訟法第95条第3項）。

13　総務省『地方自治月報』59号。「地方公共団体における外部監査制度に関する調」（平成28年4月1日から平成30年3月31日まで）より算出。https://www.soumu.go.jp/main_content/000610112.pdf（2022年3月28日時点）

第6章

より質の高い
監査を目指して

地方自治体の監査が抱える課題 —現状と課題—

　住民が地方自治体の事務の執行に対して、常に監視するということは困難であり、その役目を果たすのが監査委員の行う自治体監査になります。このことから、監査では、住民の納めた税金が不正や誤りなく所定の手続を経て収入されているか、予算の定めるところにより適切に支出されているか、最少の経費で最大の効果を挙げているかをチェックすることが監査の基本的な目的でもあります。したがって、地方自治体の監査委員制度は独立した第三者が行うのが最も望ましいのですが、現実的には、監査委員の身分は地方自治体に属し、識見監査委員は当該自治体OB（退職と同時に就任）が散見され、また、監査委員事務局の職員は当該自治体の職員であり、一定の期間を経過すると被監査部局へ異動するという状況です。

　監査委員制度の変遷をたどると、監査委員制度の改革が地方自治法の改正を通して数度にわたり行われてきましたが、昭和50年代以降、監査委員制度の改革の議論は主として地方制度調査会に委ねられることとなっています。

　1980年（昭和55年）の第18次地方制度調査会で、①監査委員の監査の対象及び職務権限の拡大、②監査委員の職務の専門性及び独立性の確保、③監査の実施体制の整備について答申されましたが、1991年（平成3年）まで監査制度に関する重要な改正は行われませんでした。

　そして、第25次地方制度調査会の答申を踏まえ1997年（平成9年）に地方自治法が改正された以降は、第28次地方制度調査会の答申で2006年（平成18年）の地方自治法改正、第29次地方制度調査会の答申で2011年（平成23年）の地方自治法改正、第31次地方制度調査会の答申で2017年（平成29年）の地方自治法改正という状況になっています。

　ここでは、どのような課題があるのか、その中で示されるものに加えて、

新たな課題を紹介していきます。

1 独立性の確保

　まず始めに、監査委員の独立性については、監査委員の選任に議会の同意を得てはいますが、地方自治体の長があらかじめ選任した者であるため、監査委員の中には、長に対する忖度や遠慮というものを持つ者もおり、監査活動に手心が加えられるおそれもあるなど、**精神的な独立性**を確保する難しさがあります。特に、監査委員が再選を希望する場合、長に不利益となるような実態を自ら進んで住民に公表するようなことがあるでしょうか。そうしたこともあり、監査委員の選任方法には準公選制を採用するのが適当とする意見もあります。

　一方、監査委員事務局についても、独立性が確保されているとは言い難い状況となっています。

　例えば、監査委員事務局の職員は、当該自治体の行政組織上の職員であるため、一定の期間を経過すれば被監査部局に異動するなど、**身分的な独立性**を欠き、さらには監査委員事務局の職員定数や財源に関する権限も地方自治体の長に委ねられ、監査委員事務局の職員は給与を受け取り、生計を立てるなど、**経済的な独立性**も欠く状況になっています。

　同一の組織内であるため、他の職員に反感を持たれるのは避けたいので、問題を発見しても指摘することをためらい、比較的どうでもよいような指摘で終わってしまったりするケースもあるなど、**精神的な独立性**が確保できていないところもあります。

　その他にも、監査委員事務局の職員が他の部署との兼任であったり、監査委員事務局を設置せずに首長部局等の職員が監査に従事する自己監査になっていたりする地方自治体もあるなど、**外観的な独立性**が確保されていない例も見られます。

　このように、監査委員を補助する事務局職員が当該自治体の行政組織上の職員では、監査委員が独任制の執行機関として位置づけられているとしても、実質的な監査環境が確保されているとは言い難く、この課題を抜本的に解決するためには、地方自治体とは完全に独立した組織体による監査

が求められるところであります。

2　専門性の欠如

　包括外部監査の外部監査人には、「①弁護士、②公認会計士、③国の行
政機関において会計検査に関する行政事務に従事した者又は地方公共団体
において監査若しくは財務に関する行政事務に従事した者であって、監査
に関する実務に精通しているものとして政令で定めるもの、④税理士」
（地方自治法252条の28第１項、第２項）という具体的な資格要件があるの
に対して、監査委員は「普通地方公共団体の財務管理、事業の経営管理そ
の他行政運営に関し優れた識見を有する者」という抽象的な表現にとどま
り、一定の資格要件を満たさなくても議会の同意を得れば、選任できるこ
とになっています。そのため、監査を行うにあたっての十分な専門的知識
を有しているかどうかをはかる術もなく、監査委員に選任されているよう
な状況となっています。

　監査能力について画一的な要件を設けることは困難と思われますが、一
定の資格を持った専門家（公認会計士や弁護士など）を監査委員に加える
ことも検討に値するであろうという指摘もあります[1]。

　しかし、公認会計士や弁護士などの資格を持つ者が監査委員を務める場
合は、本来の仕事を抱える中で自治体監査にも従事するということになり
ますので、監査日数や監査報酬との兼ね合いも入り、地方自治体の中には、
監査委員の担い手がないという問題が生じる可能性があります。

　また、監査をするに際して、必要となる基礎知識は、法令や条例などの
法務知識、財政の現状に関する知識、契約手続に関する知識、簿記その他
企業会計の原則に関する知識、土木や建築など工事技術に関する知識、各
部局の業務内容に関する知識、事務の流れに関する知識、監査例に関する
知識など[2]、きわめて広範であるにもかかわらず、監査委員事務局職員の
経験年数は、３年未満が６割を超えるという調査結果があります（**図表
6－1**）。

　これでは監査で必要な専門的知識が十分でないまま監査をしていたり、
あるいは監査に関する専門的知識を習得する前に他の部署へ異動していた

りすることがあり得ます。

　各地方自治体の人事政策によるものではありますが、監査業務の性格上、短期間というのは適当でありません。

　また、個人の知識量によって監査の深さも異なり、監査業務のレベルが地方自治体によってバラバラな、監査ノウハウの蓄積もしっかりできていないことも考えられます。

　現在の自治体監査は、自治体内部の業務に関する知識があれば対応することができ、本来、求められるはずの監査に必要な知識やスキルを身につけていなくても、監査ができてしまうという実態が浮き彫りになっています。

　監査人としての知識や力量がなく、誤った処理や問題点を見抜くことができない形式的な監査で留まってしまうならば、住民からの信頼確保という点で問題があります。

図表6-1　都市別の監査委員事務局職員の経験年数

	経験年数		
	3年未満	3年以上10年未満	10年以上
都道府県	782（72.9%）	272（25.3%）	19（1.8%）
指定都市	257（62.4%）	142（34.5%）	13（3.1%）
中核市	220（65.5%）	108（32.1%）	8（2.4%）
特例市	189（62.4%）	107（35.3%）	7（2.3%）

【出所】第29次地方制度調査会資料

　そのような中、2017年（平成29年）の地方自治法の改正により、代表監査委員が必要であると判断した場合には、「**監査専門委員**」を置くことができるようになりました。監査専門委員は、常設又は臨時の非常勤であり、専門の学識経験を有する者の中から、代表監査委員が、代表監査委員以外の監査委員の意見を聴いて、選任するものとされています（地方自治法第200条の2）。監査に必要な専門性を補完するという点では、とても有用であるため、監査体制が不十分な地方自治体では監査専門委員を積極的に活用し、監査体制の不十分さを補うことも必要です。

具体的には、住民監査請求等における法的解釈や判断等のために「弁護士や法律分野の研究者（大学教授など）」、財政援助団体等監査（出資団体監査など）等における財務諸表等の会計処理の調査・分析のために「公認会計士」、工事監査における工事の設計・施工・積算等の技術的観点からの調査・分析のために「土木・建築分野等の技術士」、情報技術（IT）等のシステム監査における情報処理システムのリスク管理やセキュリティ管理の評価・分析のために「システム監査人やIT分野の専門家（大学教授など）」などを選出することが考えられます。

内部統制に依拠した監査

1 内部統制とは

　2017年（平成29年）の地方自治法の改正により「**内部統制**」という制度が創設され、2020年（令和2年）4月から都道府県知事と指定都市の市長には内部統制制度の整備・運用が義務化されるようになりました。それ以外の市町村については努力義務が課されるようになっています。

【地方自治法】第150条（抄）

　都道府県知事及び第252条の19第1項に規定する指定都市（以下この条において「指定都市」という。）の市長は、**その担任する事務のうち次に掲げるものの管理及び執行が法令に適合し、かつ、適正に行われることを確保するための方針を定め、及びこれに基づき必要な体制を整備しなければならない。**

一　財務に関する事務その他総務省令で定める事務

二　前号に掲げるもののほか、その管理及び執行が法令に適合し、かつ、適正に行われることを特に確保する必要がある事務として当該都道府県知事又は指定都市の市長が認めるもの

②　市町村長（指定都市の市長を除く。第2号及び第4項において同じ。）は、その担任する事務のうち次に掲げるものの管理及び執行が法令に適合し、かつ、適正に行われることを確保するための方針を定め、及びこれに基づき必要な体制を整備するよう努めなければならない。

一　前項第1号に掲げる事務

二　前号に掲げるもののほか、その管理及び執行が法令に適合し、かつ、適正に行われることを特に確保する必要がある事務として当該市町村長が認めるもの

地方自治法において、「内部統制」という文言自体は、明記されていませんが、地方自治法245条の４第１項に基づく技術的助言として位置づけられる「地方公共団体における内部統制制度の導入・実施ガイドライン」（総務省。以下この章において「ガイドライン」という）では、地方自治体における内部統制について、「住民の福祉の増進を図ることを基本とする組織目的が達成されるよう、行政サービスの提供等の事務を執行する主体である長自らが、組織目的の達成を阻害する事務上の要因をリスクとして識別及び評価し、対応策を講じることで、事務の適正な執行を確保すること」と記しています。

2　内部統制が求められた背景

　そもそも地方自治体に内部統制の整備・運用が求められるようになった背景は、人口減少の進展というのがあります。人口減少が進めば、今後、地方自治体でも職員を確保することは難しくなり、住民への行政サービスを低下させずに維持するためには、いかにミスをなくし、適切かつ効率的に事務処理ができるかというのが課題になってきます。

　監査制度の充実と強化とともに、内部統制が整備・運用されることになれば、業務上のリスクが可視化され、それらの課題を低減又は解決することが期待できるためです。

　しかしながら、内部統制自体はすでに何らかの形で存在しており、新たにつくらなければならないものでもありません。

　したがって、都道府県と指定都市を除く市町村は、地方自治法上、努力規定に留まっていますが、今まで組織内部でバラバラに管理されていた内部統制に関する取組を全庁的に体系化したり、既存の内部統制の仕組みを見直したりするなど、それぞれの団体規模に応じた内部統制モデルの整備・運用を構築するよう、監査で指摘することも大切です。

3 　内部統制体制の整備

　内部統制体制の整備については、ガイドラインにおいて、第三者的な視点からより効果的なモニタリングを行う観点から、内部統制に関する方針の策定やそれに基づき全庁的に推進する「内部統制推進部局」と内部統制を評価する「内部統制評価部局」に分けて、それぞれ新たな組織を設置することが望ましいとしています。

　しかしながら、実際には人的資源の制約もあるため、既存の組織を活用することも認めていますが、推進と評価を行う者が同一にならないように、適切な職務分掌等を定める必要があるとしています。

　なお、監査委員事務局の職員については、監査委員の独立的な役割に鑑みて、内部統制推進部局又は内部統制評価部局の職員を兼任することは適切ではないとしていますので注意する必要があります。

4 　内部統制評価報告書の審査と具体的な流れ

　内部統制評価報告書の審査目的は、地方自治体の長による評価が評価手続に沿って適切に行われているのか、また、内部統制の不備について重大な不備にあたるかどうかの判断が適切に行われているのかといった観点から検討を行い、意見を付するものです。

　内部統制評価報告書の審査を行う地方自治体にあっては、ガイドラインに具体的な審査の流れが示されていますので、それを参考にしながら、各々の地方自治体の規模や特性等に応じて、柔軟に対応することが望まれます。

　具体的な審査の流れは、**図表6-2**のとおりです。

（1）審査計画の策定

　①内部統制の評価範囲を画定するため、長が決定した内部統制に関する方針及び内部統制対象事務について入手する。

　②長との意見交換を通して、内部統制の評価範囲や内部統制の整備・運用状況、課題等について長の認識等を理解する。

　③実施する審査手続の種類、時期及び範囲について決定する。

図表 6 – 2　内部統制評価報告書の審査の流れ

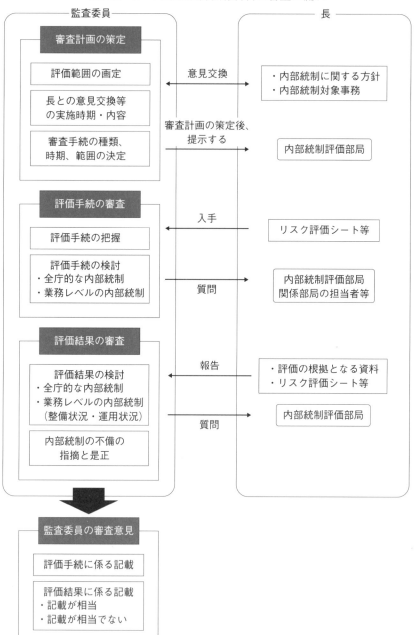

監査委員

審査計画の策定

- 評価範囲の画定
- 長との意見交換等の実施時期・内容
- 審査手続の種類、時期、範囲の決定

評価手続の審査

- 評価手続の把握
- 評価手続の検討
  ・全庁的な内部統制
  ・業務レベルの内部統制

評価結果の審査

- 評価結果の検討
  ・全庁的な内部統制
  ・業務レベルの内部統制
  （整備状況・運用状況）
- 内部統制の不備の指摘と是正

監査委員の審査意見

- 評価手続に係る記載
- 評価結果に係る記載
  ・記載が相当
  ・記載が相当でない

長

意見交換

- ・内部統制に関する方針
- ・内部統制対象事務

審査計画の策定後、提示する

内部統制評価部局

入手

リスク評価シート等

質問

内部統制評価部局
関係部局の担当者等

報告

- ・評価の根拠となる資料
- ・リスク評価シート等

質問

内部統制評価部局

④審査計画を策定したら、長及び内部統制評価部局等に提示する。

（2）評価手続に係る記載の審査

⑤内部統制評価部局より、評価体制、評価対象期間、評価範囲、評価項目、評価方法等に関する資料を入手する。必要に応じて、内部統制評価部局、関係部局の担当者等に対して質問を行い、評価手続を把握する。

⑥内部統制評価部局が把握した全庁的な内部統制の整備・運用状況、業務レベルの内部統制の整備・運用状況に係る資料（リスク評価シート等）を入手する。

⑦全庁的な内部統制の評価手続の検討を行う。

⑧業務レベルの内部統制の評価手続の検討を行う。

（3）評価結果に係る記載の審査

⑨長が行った全庁的な内部統制の整備・運用状況に関する評価結果の検討を行う。

⑩長が行った業務レベルの内部統制の整備・運用状況についての評価結果の検討を行う。

⑪内部統制評価報告書の審査の過程において内部統制の不備を把握した場合には、早期の改善又は是正を求めるとともに、不備の改善又は是正状況を適時に検討する。

（4）監査委員の審査意見

⑫長による評価手続について適切と考える場合は、評価手続に係る記載は相当とし、不適切と考える場合には、評価手続が適切に実施されていないものとして、審査意見として記載を行う。

⑬長による評価結果が適切と考える場合は、評価結果に係る記載は相当として、審査意見として記載を行う。

⑭長によって把握されていない内部統制の不備を把握した場合には、把握した段階で早期の改善又は是正を求めた上で、重大な不備について

は、審査意見として記載を行う。

5　その他の監査等で内部統制に関する不備を把握した場合の取扱い

　ガイドラインでは、内部統制評価報告書審査以外のその他の監査等において把握した評価対象期間中における内部統制の不備については、把握した段階で早期の改善又は是正を求めることとしています。そして、整備上の重大な不備が評価基準日までに是正された場合には、当該不備に係る内部統制は有効に整備されているものとすることとしています。

　また、整備上の重大な不備が評価基準日までに是正されない場合及び評価対象期間中における運用上の重大な不備を把握した場合については、内部統制評価報告書の審査において監査委員が把握した重大な不備と同様のものとして取り扱うものとしています。

6　内部統制に依拠した監査等の実施

　監査委員は、内部統制の不備があり、それによる影響を受ける事務の監査等を実施する場合には、内部統制の不備による影響の程度を勘案し、適切に監査等を実施することが求められます（具体的な実施方法は、第4章「27リスクに着目した監査」を参照してください）。

　内部統制に依拠した監査等の具体的な実施方法については、総務省が示した監査基準（案）に関する実施要領で、「内部統制制度が導入及び実施されている団体」と「内部統制制度が導入及び実施されていない団体」に区分し、記載されています[3]。

　主な概略を述べれば、地方自治法に基づき内部統制制度が導入及び実施されている地方自治体では、長による内部統制評価報告書の作成及び監査委員による審査が行われているため、その評価及び審査結果を前提に、内部統制に依拠し、効率的かつ効果的な監査を行うことができるとしています。

　それに対して、内部統制制度が導入及び実施されていない団体にあっては、長による内部統制の整備状況及び運用状況の評価及び監査委員による審査を行う仕組みが構築されていないため、監査委員は、その代わりに、

想定されるリスクを基にした内部統制の整備状況及び運用状況について情報を収集し、検討する必要があるとしています。

　そして、その検討結果から、内部統制に依拠した監査等を実施できないと判断した場合は、従来どおり、内部統制に依拠せず、リスクの重要性に応じた監査等を行う必要があるとしています。

　監査委員には、量的重要性及び質的重要性が高いリスクについて、監査範囲の拡大や関係職員へのヒアリング等、重点的に監査等を行うことを求めています。

【内部統制の基本的な枠組み】

　内部統制とは、基本的に、①業務の効率的かつ効果的な遂行、②財務報告等の信頼性の確保、③業務に関わる法令等の遵守、④資産の保全の4つの目的が達成されないリスクを一定の水準以下に抑えることを確保するために、業務に組み込み、組織内のすべての者によって遂行されるプロセスをいい、①統制環境、②リスクの評価と対応、③統制活動、④情報と伝達、⑤モニタリング（監視活動）、⑥ICT（情報通信技術）への対応の6つの基本的要素から構成されます。

これからの自治体監査のあるべき姿

1 中長期的な方向性—監査委員制度が抱える課題を解決するために

　自治体監査の歴史を振り返ると、監査委員制度が創設されてから、監査に関連するさまざまな諸課題を解決するために、何度も地方自治法が改正されてきましたが、未だに解決できず、取り残されている課題が多々あるというのが現状です。

　その中でも最も大きな課題は、「監査体制の独立性が確保されていない点」と「監査に従事する者の専門性が欠如している点」が挙げられます。

　監査体制の独立性については、本章の「48 地方自治体の監査が抱える課題－現状と課題　」でも触れましたが、自治体監査に関係する人であれば、誰もが課題であると認識しているにも関わらず、抜本的な解決には至っていません。

　古い文献にはなりますが、具体的な課題解決策として「GAO（米国会計検査院）や会計検査院のごとく、行政府や立法府とは独立した『外部監査機構』の創設を掲げ、現行の監査委員及び監査委員事務局は発展的に解消する。監査機構の設置主体は、基本的には都道府県、政令都市など各自治体であるが、小規模市町村の場合には都道府県又は他の市町村と共同して設置することを検討すべき」とし、「首長が議会の同意を得て自治体監査人を選任する方式を廃止して、首長と同様に自治体監査人も住民の直接選挙により選出するか、あるいは議会の選挙で選出する方式に改める」ことを提唱しているものがあります[4]。

　さらに、「今後、地方自治体の監査業務に精通した人材を育成し、かつその量的拡充を図るためには、自治体監査士制度の創設等も十分検討すべきとし、監査局に所属する専門職員の採用、昇任、解雇等に係わる一切の権限は監査人に委ね、監査局が固有の専任職員を採用し、首長部局との間

の人事異動は原則として認めない」ことも述べています[4]。

　地方自治体の監査制度が抱える課題を解決する上で、大変意義のある意見であると考えますが、現実は、実現できていない状況にあります。

　小規模市町村が都道府県又は他の市町村と共同して設置することは、地方自治法第252条の7で定める「機関等の共同設置」という手法を活用すれば可能ですが、前述したように、共同設置を導入しているのは、全国の中でもわずか1事例という状況で、その他の市町村が積極的に活用しようとする動きは見られません。

　監査の実施体制が十分でない小規模な市町村においては、他の組織（例えば、議会事務局など）との兼任で監査に従事しているところも多いため、各市町村から共同組織に職員を派遣するという形になった場合に、監査以外の兼任業務まで人工（にんく）が削られることになり、他の兼任業務に支障が出るということで、職員の派遣を反対することが十分考えられます。

　また、共同設置を行うかの判断を行う者が代表監査委員ではなく、地方自治体の長であるということも、機関等の共同設置を難しくしている要因にもなっています。

　まちの将来ビジョンや住民の暮らしを守ることなど、大きな方向性や方針を考える地方自治体の長が、監査を強化する必要性をどこまで強く持っているでしょうか。少子高齢化や人口減少対策、産業、防災など、さまざまな施策がある中で、監査に対する優先度が高いとはなかなか考えにくいところがあります。

　このように共同設置を取り巻く環境は厳しく、現行の法制度のままでは、監査委員事務局の共同設置が全国的に普及・拡大していくのは期待しにくいでしょう。

　それではどうしたらよいのでしょうか？
　そもそも監査を強化する必要性があるのかどうか把握できないところに、根本的な問題が隠されてはいないでしょうか。
　つまり、自団体の監査に何の問題も感じることなく、監査はしっかりと

行われていると思っているけれど、実は求められる水準の監査が行われていない可能性があるということです。

　求められる水準を定量的に示すことは大変難しいのですが、1つの例として監査の実施体制を挙げてみると、例えば、静岡県富士市では監査委員事務局の正規職員数は4人であるのに対し、他の同規模程度（人口約25万人）の市では8人というところもあり、倍近くの人数の職員が配置されているのがわかります。

　地方自治体の監査実務に長年従事している経験から申しますと、この差はとても大きく、職員が8人配置されている地方自治体と同じ水準の監査ができるとは到底考えられず、職員数が少ない地方自治体では人数相応の監査しかできていないというのが実情です。

　翻してみれば、監査事務局職員が1〜2人しかいない市町村においては、監査のチェック項目数や監査に要する総時間も総じて少ないのは明らかであり、すべての地方自治体が監査基準に依拠した監査が実施できているとは到底考えられず、自治体間同士で監査の水準に格差が生じているとみています。

　実際に、どのような監査が行われているのかは、各々の地方自治体の実情で大きく異なり、その内容はブラックボックスに蓋がされ、外からは全く見えていないことも、知らず知らずのうちに監査の格差を助長していることにも繋がっている可能性があります。

　このような状況の中で、今後の自治体監査のあるべき姿を考えたときに、現行の自治体監査制度のままでは独立性という課題を解決することは難しく、地方自治体とは独立した監査機関として、**全国規模の監査共同組織を検討する必要性は大きい**と考えます。

2　監査の品質を評価する仕組みの導入－自治体間の格差の是正

　監査の独立性を確保するためには、全国規模の監査共同組織などの設立は1つの方策ではありますが、簡単に設立できるものでもありません。

　現行の監査委員制度の中で、時代の趨勢に目を転じると、今後、人口減少が進展してくれば、あらゆる業種で人手不足が予想され、どこの地方自治体においても、職員を募集しても定員が割れてしまうような人員不足という課題が出てくることが予想されます。

　もし、そのような状況になれば、厳しい執務環境の中で自治体業務を執行することが求められるようになり、単純なミスや業務の遅れなど、住民等への損失リスクはより一層高まることが懸念されます。

　具体的には、**図表6-3**のようなリスクが考えられますが、これらのリ

図表6-3　主なリスクの例

リスク種類	内容
事務リスク	職員が行う事務処理の誤り、忘失、遅延等により、債権者、利害関係者、住民等に損失を与えるリスク
継承リスク	非正規化、民間委託等の推進、又は人事異動による前任者からの引継ぎが上手くいかず、業務ノウハウが継承できなくなるリスク
人事労務リスク	事務量の増加による時間外勤務の増加、又はサービス残業により、職員の健康や安全衛生などが害されるリスク
損害リスク	事業の廃止や縮小、施設管理の瑕疵等により、関係者に不利益や損失を与えるリスク
流動性リスク	予期せぬ支出で資金が必要となり、著しく不利な条件で資金調達が余儀なくされる、又は予定されていた収入が確保されないリスク
品質リスク	事業の廃止、事業費の削減等で行政サービスの水準低下を招くリスク
システムリスク	ICT化、RPA、AI等の普及により、情報システムの停止や操作ミス等で損失を被るリスク
監査リスク	監査機能が果たせず、誰にも気づかれないまま不正や不適切な処理が繰り返されるリスク

スクは各々が独立しているわけではなく、相互に連鎖して、より大きなリスクに発展する可能性を含んでいますので注意が必要です。

例えば、人事異動により前任者からの引継ぎがうまくいかず（継承リスク）、職員が事務処理を気がつかずに放置し（事務リスク）、利害関係者に被害や損失を与えてしまう（損害リスク）ケースなどです。

また、これらのリスク以外にも収入、支出、契約、予算科目、事業内容等の性質によってさまざまなリスクが考えられます。

2017年（平成29年）の地方自治法の改正により、内部統制の導入や監査基準の制定が義務付けられるようにはなりましたが、内部統制制度の整備・運用が義務付けられていない地方自治体では、内部統制機能が働いていない部分を考慮しながら、より効率的な監査が求められるようになります。

監査委員事務局の職員が少人数の地方自治体ではより厳しさが増していくことが考えられますが、事務局の定数を増やしたいと思っても、その権限は長の下の人事部局が持っているため、限られた人数と時間の中で監査をするしかなく、その結果、監査の品質が落ちてしまうということにも繋がってきてしまいます。

各地方自治体が策定した監査基準の中には、「質の管理」あるいは「品質管理」という条項が規定されていますが、形式的な条項にせず、運用面でしっかりと監査の品質評価を行うことが大切になります。

そういう点からしても、監査の品質をいかに求められる水準まで確保し、自治体間で監査の格差が生じないようにするかは、今後の大きな課題でもあります。

現在の自治体監査においては、監査自体を評価する仕組みがしっかりと整備されておらず、監査の水準に差があることを分析したものはありませんが、監査の品質を高めるためには、各地方自治体が実施している監査を評価し、一定の基準を満たせば監査の品質を保証する仕組みや測定方法は必要になってきます。

地方自治体の中では、監査報告等を品質評価の対象とし、監査委員事務局が評価を行っているところがありますが、それでは自己評価の域を超えないため、自団体とは別の外部機関によるピア・レビュー（peer review）[5]制度の導入なども今後検討する必要があります。

【注釈・参考】

1　松山治幸「地方自治体監査の現状と課題」日本監査研究学会地方自治体監査研究部会編『地方自治体監査』（1991年）、第一法規、81頁参照。

2　井上鼎『地方自治体監査規範 新版』（1966年）、良書普及会、203〜210頁。

3　総務省「地方公共団体における内部統制・監査に関する研究会」の「実施要領」（平成31年3月29日公表）https://www.soumu.go.jp/main_content/000612917.pdf.（2022年3月28日時点）

4　隅田一豊「わが国地方自治体における監査制度のあり方─公正かつ能率的な行政の確保をめざして─」横浜経営研究17巻3号（1996年）、271〜272頁参照。

5　一般的には、業務の成果物を別の者が詳細に評価・検証するレビューの一つで、立場や職種が同じ（又は近い）者同士の間で行うものをいいます。監査に当てはめれば、自らが行った監査業務を別の監査の同業者が評価・検証し、監査業務の質を保証することです。諸外国においては、自治体監査で導入されているのが見られます。

〈参考文献〉

Montgomery 原著；Vincent M.O'Reilly ほか著；中央監査法人訳『モント
　ゴメリーの監査論』中央経済社、1993年

東信男『会計検査院の検査制度』中央経済社、2011年

足立忠夫「監査委員制度と地方自治」『季刊法律学』第21巻、75〜80頁、
　有斐閣、1956年

池田昭義『監査制度—仕方・受け方の実務』学陽書房、2000年

猪野積『地方自治法講義（第5版)』第一法規、2020年

石川恵子『地方自治体の業績監査』中央経済社、2011年

石川恵子「地方自治体監査の考え方」『地方財務』2010年7月号、ぎょう
　せい

石川恵子「監査委員制度の機能化に向けての問題の視点」実践女子大学人
　間社会学部紀要第4集、87〜98頁、2008年

石田三郎、林隆敏、岸牧人『監査論の基礎』東京経済情報出版、2011年

石原俊彦「地方自治体の監査と内部統制—ガバナンスとマネジメントに関
　連する諸問題の整理—」ビジネス＆アカウンティング・レビュー、6巻、
　1〜19頁、2010年

石原俊彦『VFM監査—英国公検査の研究』関西学院大学出版会、2021年

石原信雄、嶋津昭（監修）／地方財務研究会（編集）『六訂　地方財政小
　辞典』ぎょうせい、2011年

伊藤龍峰「改正自治法と監査基準」西南学院大学商学論集64巻4号、2018
　年

稲沢克祐『50のポイントでわかる　地方議員　予算審議・決算審査ハンド
　ブック』学陽書房、2018年

井上鼎『地方自治監査規範』良書普及会、1966年

宇賀克也『地方自治法概説［第9版]』有斐閣、2021年

大崎映二『55のポイントでわかる　自治体職員　新はじめての出納事務』
　学陽書房、2020年

沖倉強（監修）／新自治体監査制度研究会（編著）『図解　よくわかる自治
　体監査のしくみ』学陽書房、2005年

奥田泰章『自治体職員のためのQ＆A　住民監査請求ハンドブック』ぎょうせい、2017年

越智恒温（監修）／決算実務研究会（編著）『決算の見方・つくり方（第一次改訂版）』学陽書房、2001年

自治省行政局行政課編『改正地方自治法詳説―新財務会計制度の解釈・運用』帝国地方行政学会、1963年

清水涼子『地方自治体の監査と内部統制』同文舘出版、2019年

社団法人日本内部監査協会『専門職的実施の国際フレームワーク』2011年

鈴木豊『公監査（改訂版）』同文舘出版、2008年

隅田一豊「わが国地方自治体における監査制度のあり方―公正かつ能率的な行政の確保をめざして―」横浜経営研究17巻3号、1996年

総務省「内部統制による地方公共団体の組織マネジメント改革〜信頼される地方公共団体を目指して〜」（平成21年3月）

総務省「地方公共団体の監査制度に関する研究会報告書」（平成25年3月）

総務省「地方公共団体における内部統制制度の導入に関する報告書」（平成26年4月）

総務省自治行政局行政課「事務連絡　監査基準の策定に関する参考資料の送付について」（平成31年3月29日）

総務省自治行政局長「『地方公共団体における内部統制制度』の導入・実施ガイドライン」の策定について（通知）」（平成31年3月29日）

総務省自治行政局長「監査基準について総務大臣が示す指針の策定について（通知）」（別添1）監査基準（案）、（別添2）実施要領、（参考1）標準的な事務フローから想定されるリスク及び監査手続、（参考2）各団体に共通するリスクが顕在化した事案、（参考3）実施要領「6.各種の監査等の有機的な連携及び調整」の例（平成31年3月29日）

地方自治制度研究会編集『地方財務実務提要』ぎょうせい

全国町村監査委員協議会『監査必携（第四版）』第一法規、2020年

竹下譲「自治体監査の現状と課題（2　監査委員制度の沿革）」『地方財務』1980年6月号、ぎょうせい

田中暁「監査委員制度検討の視点」『地方自治』1980年12月号、ぎょうせ

い

田中孝男『≪平成29年改正≫住民監査請求制度がよくわかる本』公人の友社、2017年

田村達久『法務に強くなる！レベルアップ地方自治法解説』第一法規、2019年

鳥羽至英『監査証拠論』国元書房、1983年

鳥羽至英・秋月信二『監査を今、再び、考える』国元書房、2018年

鳥羽至英『財務諸表監査 理論と制度【発展篇】』国元書房、2009年

トレッドウェイ委員会組織委員会（鳥羽至英・八田進二・高田敏文共訳）『内部統制の統合的枠組み―理論篇』白桃書房、1996年

長吉眞一／伊藤龍峰／北山久恵／井上善弘／岸牧人／異島須賀子『監査論入門　第4版』中央経済社、2019年

日本監査研究学会地方自治体監査研究部会編『地方自治体監査』第一法規、1991年

原典雄『監査委員監査の基礎知識』ぎょうせい、2002年

原典雄『全訂監査委員監査実務マニュアル』ぎょうせい、2010年

樋口満雄『自治体契約事務のチェックポイント』学陽書房、2021年

平谷英明『一番やさしい地方自治の本』学陽書房、2015年

松本英昭『新版　逐条地方自治法［第9次改訂版］』学陽書房、2017年

丸山恭司・石原俊彦「地方自治体監査委員監査における監査技術の理論的フレームワーク」ビジネス＆アカウンティング・レビュー、7号、77〜93頁、2011年

村井直志『よくわかる「自治体監査」の実務入門』日本実業出版社、2018年

馬場伸一『自治体監査の12か月―仕事の流れをつかむ実務のポイント―』学陽書房、2021年

山浦久司『監査の新世紀 市場構造の変革と監査の役割』明治大学社会科学研究所叢書、税理経務協会、2001年

有限責任監査法人トーマツパブリックセクター・ヘルスケア事業部『Q＆Aでわかる！自治体の内部統制入門』学陽書房、2018年

224

月刊「地方財務」編集局『七訂 地方公共団体 歳入歳出科目解説』ぎょう
　せい、2011年

月刊「地方財務」編集局『九訂 地方公共団体 歳入歳出科目解説』ぎょう
　せい、2020年

吉国一郎、工藤敦夫、角田禮次郎、大出峻郎、茂串俊、大森政輔、味村治
　共編『法令用語小辞典―第七次改訂版』学陽書房、1997年

吉野貴雄『監査委員事務局のシゴト』ぎょうせい、2017年

吉野貴雄『実践！自治体監査の考え方と実務』学陽書房、2020年

吉野貴雄「監査的アプローチによる自治体のマネジメント機能の強化―監
　査のコンサルティング機能の充実」『地方財務』2012年10月号、ぎょう
　せい

吉野貴雄「ケーススタディでみるVFMの分析（上）―行政評価と連動し
　た監査の実践」『地方財務』2013年6月号、ぎょうせい

吉野貴雄「ケーススタディでみるVFMの分析（下）―行政評価と連動し
　た監査の実践」『地方財務』2013年7月号、ぎょうせい

吉野貴雄「行政経営のフィールドから新たな潮流をよむ」『地方財務』
　2014年1月号、ぎょうせい

吉見宏「地方自治体における不正と監査―北海道監査委員事務局の事例を
　中心に―」『経済学研究』第47巻第1号、96～112頁、1997年

吉見宏「監査論の視点から見た会計検査と行政評価」『会計検査研究』第
　23号、101～109頁、2001年

〈主要索引〉

著者紹介

吉野　貴雄 (よしの　たかお)

　1971年生まれ。東京都立川市出身。13歳から静岡県富士市在住。静岡大学大学院修了（教育学修士）。

　静岡県富士市役所に勤務。業務の傍ら、市町村職員中央研修所（市町村アカデミー）、全国市町村国際文化研修所（国際文化アカデミー）、全国各地の都市監査委員会等で監査等に関する講演・研修の講師を務める。

　著書に『監査委員事務局のシゴト』（ぎょうせい）、『実践！自治体監査の考え方と実務』（学陽書房）。

50のポイントでわかる
はじめての自治体監査

2022年6月23日　初版発行

著　者　吉野　貴雄

発行者　佐久間重嘉

発行所　学　陽　書　房

　　　　〒102-0072　東京都千代田区飯田橋1-9-3
　　　　営業部／電話　03-3261-1111　FAX　03-5211-3300
　　　　編集部／電話　03-3261-1112
　　　　http://www.gakuyo.co.jp/

装幀／佐藤博　　イラスト／おしろゆうこ
DTP制作・印刷／精文堂印刷
製本／東京美術紙工

現場で使えることを意識して執筆した 自治体監査の考え方と 実践を学ぶ基本書！

◎監査の際に具体的にどのようなところに注意を払いながら実践していくべきかを具体的な事例をまじえて解説。

実践！　自治体監査の考え方と実務

～知らないと差がつく監査術～

吉野貴雄　著

A5判ソフトカバー／定価2,860円（10％税込）